Marie-Christine Gröne

Erneuerbare Energien in Indien

Möglichkeiten, Grenzen und Zukunftsperspektiven für deutsche Unternehmen

ECOLOGICAL ENERGY POLICY - EEP

Edited by Prof. Dr. Danyel Reiche

ISSN 1864-5860

3 *Xin Nina Zheng*
Understanding the Paradoxes in China's Energy Efficiency Trends
Comparative Energy Analysis in the Global and National Context
With a foreword by Nathan E. Hultman
ISBN 978-3-89821-836-8

4 *Angela Choe*
Energy Assistance to North Korea
Options to be Considered Immediately by the Six Parties and Beyond
With a foreword by Robert L. Gallucci
ISBN 978-3-89821-838-2

5 *Matthias Corbach*
Die deutsche Stromwirtschaft und der Emissionshandel
Mit einem Vorwort von Thomas Leif
ISBN 978-3-89821-816-0

6 *Christian Schossig*
Erneuerbare Energien in den US-Bundesstaaten
Eine vergleichende Fallstudie der Förderpolitiken von Kalifornien und Texas
Mit einem Vorwort von Miranda Schreurs
ISBN 978-3-89821-844-3

7 *Paul Mußler*
Standortfaktoren für den Ausbau der Photovoltaik in Bayern
Eine Analyse der politischen Steuerungsinstrumente im Mehrebenensystem
Mit einem Vorwort von Hans-Josef Fell
ISBN 978-3-89821-881-8

8 *Iwona Podrygala*
Erneuerbare Energien im polnischen Stromsektor
Analyse der Entstehung und Ausgestaltung der Instrumente zur Förderung der Stromerzeugung aus erneuerbaren Energien
Mit einem Vorwort von Grzegorz Wiśniewski
ISBN 978-3-89821-837-5

9 *Marie-Christine Gröne*
Erneuerbare Energien in Indien
Möglichkeiten, Grenzen und Zukunftsperspektiven für deutsche Unternehmen
ISBN 978-3-8382-0008-8

10 *Mischa Bechberger*
Erneuerbare Energien in Spanien
Erfolgsbedingungen und Restriktionen
Mit einem Geleitwort von Udo Simonis
ISBN 978-3-89821-952-5

Marie-Christine Gröne

ERNEUERBARE ENERGIEN IN INDIEN

Möglichkeiten, Grenzen und Zukunftsperspektiven für deutsche Unternehmen

ibidem-Verlag
Stuttgart

Bibliografische Information der Deutschen Nationalbibliothek
Die Deutsche Nationalbibliothek verzeichnet diese Publikation in der Deutschen Nationalbibliografie; detaillierte bibliografische Daten sind im Internet über http://dnb.d-nb.de abrufbar.

Bibliographic information published by the Deutsche Nationalbibliothek
Die Deutsche Nationalbibliothek lists this publication in the Deutsche Nationalbibliografie; detailed bibliographic data are available in the Internet at http://dnb.d-nb.de.

∞

Gedruckt auf alterungsbeständigem, säurefreien Papier
Printed on acid-free paper

ISSN: 1864-5860

ISBN-10: 3-8382-0008-X
ISBN-13: 978-3-8382-0008-8

© *ibidem*-Verlag
Stuttgart 2009

Alle Rechte vorbehalten

Das Werk einschließlich aller seiner Teile ist urheberrechtlich geschützt. Jede Verwertung außerhalb der engen Grenzen des Urheberrechtsgesetzes ist ohne Zustimmung des Verlages unzulässig und strafbar. Dies gilt insbesondere für Vervielfältigungen, Übersetzungen, Mikroverfilmungen und elektronische Speicherformen sowie die Einspeicherung und Verarbeitung in elektronischen Systemen.

All rights reserved. No part of this publication may be reproduced, stored in or introduced into a retrieval system, or transmitted, in any form, or by any means (electronical, mechanical, photocopying, recording or otherwise) without the prior written permission of the publisher. Any person who does any unauthorized act in relation to this publication may be liable to criminal prosecution and civil claims for damages.

Printed in Germany

Ecological Energy Policy (EEP) – Series Foreword

How can we initiate an ecological transformation process in the energy industry, a development toward increased use of renewable energies, more efficiency where the burning of fossil resources is still necessary, and the faster reduction of the gross energy consumption?
As evident as the necessity for changes of that kind may appear, it has only recently been brought to the attention of a broader international audience: The consequences of global warming, external costs, the finiteness of fossil resources, and the regional conglomeration of fossil sources bear problems for mankind on a scale that seemed utterly unthinkable before.

So the goal of the new series *Ecological Energy Policy (EEP)* is not about the – now widely accepted – necessity for a change, a transformation process, but it aims to discuss how such an alteration can be *implemented* in real-life economy and society.
Crucial for the papers to be published within EEP are the answers to questions such as:

- Which political, economical, technical, and cognitive *restrictions* oppose change, by which factors *(success conditions)* can those restrictions be overcome?
- Which *actors* can support change, which *constellations of actors* are necessary to induce alterations?
- Which *regulating pattern* is in favor of the implementation of a transformation process? How do the different *instruments* have to be formed, what is a reasonable policy mix to achieve the effects intended?

The new series EEP presents an attractive platform for the publication of monographs, anthologies, conference volumes, and studies.

The first volumes of the series are studies of outstanding quality which represent research that was conducted under the series' editor's supervision at the

Otto Suhr Institute for political science and in the master course Environmental Management at the Freie Universität Berlin.

May the series EEP contribute to a better understanding of the possibilities and constraints of the implementation of an ecological transformation process within the energy industry.

Prof. Dr. Danyel Reiche

The series' editor, Prof. Dr. Danyel Reiche, is Assistant Professor for Comparative Politics at the American University of Beirut (AUB), Lebanon.

Inhaltsverzeichnis

Abbildungsverzeichnis VIII

Tabellenverzeichnis IX

Abkürzungsverzeichnis X

1 Einleitung 1

1.1 Relevanz der Themenstellung 2

1.2 Ziele der Untersuchung und Forschungsleitfragen 3

1.3 Aufbau und Vorgehen 5

2 Theoretischer Hintergrund 7

2.1 Begriffsabgrenzungen 7

2.1.1 Erneuerbare Energien 7

2.1.2 Erneuerbare Energietechnologie 10

2.2 Energie- und umweltbezogene Themenkomplexe in der Wirtschaftsgeographie 11

2.2.1 Das Konzept der Ökologischen Modernisierung 14

2.2.2 Das Modell „Energy from space versus energy for space" 19

3 Forschungsdesign 21

3.1 Qualitative Sozialforschung 21

3.2 Methodenauswahl und Forschungsablauf 24

3.2.1 Experteninterviews 25

3.2.2 Problemzentrierte Interviews 27

3.2.3 Qualitative Inhaltsanalyse 29

3.3 Reflexion des Forschungsverlaufs 30

4 Das Untersuchungsgebiet Indien 33

4.1 Kurzportrait Indien 33

4.2 Rahmenbedingungen für erneuerbare Energien 38

4.2.1 Natürliche Rahmenbedingungen 38

4.2.2 Politische Rahmenbedingungen 42

4.2.3 Wirtschaftliche Rahmenbedingungen 45

4.2.4 Gesellschaftliche Rahmenbedingungen 46

4.3 Die Entwicklung der deutsch-indischen Wirtschaftsbeziehungen 48

5 Entwicklung des indischen Marktes für erneuerbare Energien 51
5.1 Die Energiesituation Indiens 51
5.1.1 Energieerzeugung 52
5.1.2 Energieverbrauch 56
5.2 Die Hauptakteure auf dem Markt der erneuerbaren Energien 58
5.2.1 Politische Akteure 59
5.2.2 Private Nachfrager nach Eigenerzeugungsanlagen 61
5.2.3 Heimische und internationale Anbieter für erneuerbare Energietechnologie 61
5.3 Die zukünftige Marktentwicklung 63

6 Bestandsanalyse deutscher Unternehmen im Bereich der erneuerbaren Energietechnologie in Indien 67
6.1 Vorgehen und Datenlage 67
6.2 Struktur der Unternehmen 68
6.3 Regionale Verteilung 72

7 Der indische Markt für erneuerbare Energien aus Sicht verschiedener Akteure 77
7.1 Die Einschätzung verschiedener Experten 77
7.1.1 Möglichkeiten auf dem Markt für erneuerbare Energien 79
7.1.2 Probleme auf dem Markt für erneuerbare Energien 91
7.1.3 Zukunftsperspektiven auf dem Markt für erneuerbare Energien ... 97
7.2 Wichtige Erkenntnisse und Thesen für die Unternehmensbefragung 101
7.3 Die Sicht der deutschen Unternehmen vor Ort 104
7.3.1 Unternehmensspezifische Erfahrungen 107
7.3.2 Erneuerbare Energietechnologie in Indien 118
7.3.3 Erfolgsfaktoren für deutsche Unternehmen im Bereich der erneuerbaren Energietechnologie 122
7.4 Zusammenführung der Ergebnisse 125

8 Schlussbetrachtung 135
8.1 Zusammenfassung der wesentlichen Ergebnisse und Erkenntnisgewinn 136
8.2 Handlungsempfehlungen 142

8.3 Ausblick 145

Quellenverzeichnis 147

Anhang 157

Anlage 1: Städte und Bundesstaaten deutscher Firmenniederlassungen in Indien 157

Anlage 2: Liste der Organisationen, die von den Experten vertreten werden 158

Abbildungsverzeichnis

Abbildung 1: Vorteile erneuerbarer Energien ... 2
Abbildung 2: Erneuerbare Energieformen ... 9
Abbildung 3: Potenziale verschiedener Formen der erneuerbaren Energien in Indien ... 39
Abbildung 4: Netzgebundene Stromerzeugungskapazität der erneuerbaren Energien in Prozent ... 54
Abbildung 5: Prozentanteil einzelner Sektoren am Stromverbrauch im Jahr 2007 ... 58
Abbildung 6: Standorte deutscher Firmen im Bereich der erneuerbaren Energien ... 74
Abbildung 7: Erfolgsfaktoren für eine Marktpositionierung in Indien ... 90
Abbildung 8: Liste der an der Befragung teilgenommenen Unternehmen .. 106
Abbildung 9: Positive Erfahrungen der Firmen in der Anfangsphase ... 110
Abbildung 10: Probleme der deutschen Unternehmen in der Anfangsphase ... 114
Abbildung 11: Gründe für die Wahl der Niederlassungsstandorte ... 127

Tabellenverzeichnis

Tabelle 1: Entwicklung der Politik für erneuerbare Energien in Indien.......... 44
Tabelle 2: Installierte Kraftwerkskapazität zur Stromerzeugung nach Branchen 53
Tabelle 3: Netzgebundene Kapazität der erneuerbaren Energien nach ausgewählten Bundesstaaten und Branchen in MW 55
Tabelle 4: Dezentrale Nutzung der erneuerbaren Energien in Indien.......... 56
Tabelle 5: Deutsche erneuerbare Energietechnologiefirmen in Indien 69
Tabelle 6: Regionale Schwerpunkte nach Branchen.......... 75
Tabelle 7: Interviewpartner der Expertengespräche.......... 78
Tabelle 8: Allgemeine Möglichkeiten und Probleme für erneuerbare Energien vor Ort 102
Tabelle 9: Möglichkeiten und Probleme für deutsche Unternehmen in Indien.......... 103
Tabelle 10: Zuordnung von Großbuchstaben zu den Branchen der erneuerbaren Energien 105

Abkürzungsverzeichnis

arab.	arabisch
Bfai	Bundesagentur für Außenwirtschaft
BIP	Bruttoinlandsprodukt
bspw.	beispielsweise
CDM	Clean Development Mechanism
CO_2	Kohlenstoffdioxyd
DCR	Delhi Capital Region
DEG	Deutsche Investitions- und Entwicklungsgesellschaft
DENA	Deutsche Energie-Agentur
EE	Erneuerbare Energien
EU	Europäische Union
GTZ	Deutsche Gesellschaft für Technische Zusammenarbeit
GW	Gigawatt (1 GW = 1.000 MW)
ha	Hektar
IGCC	Indo-German Chamber of Commerce
IREDA	Indian Renewable Energy Development Agency
IT	Informationstechnologie
KfW	Kreditanstalt für Wiederaufbau
KMU	Mittelstand (kleine und mittlere Unternehmen)
MEDA	Maharashtra Energy Development Agency
Mio.	Millionen
MNRE	Ministry of New and Renewable Energy
MoP	Ministry of Power
Mrd.	Milliarden
MTOE	Million Tonnes Oil Equivalent
MW	Megawatt
p.a.	per annum
SEBs	State Electricity Boards
SHP	Small Hydro Power
t	Tonne
Rs.	Indische Rupien

1 Einleitung

> „Eine Zusammenarbeit im Umwelttechnologiebereich zwischen Indien und Deutschland ist gefordert, da beide Länder in wichtigen Zukunftsfragen voneinander profitieren können. Deutschland hat sich eine Pionierrolle bei sauberer und ökologisch effizienter Umwelttechnologie erarbeitet, deren Zukunft auf den internationalen Märkten liegt. Indien, als zweitbevölkerungsreichstes Land der Erde mit rasanter wirtschaftlicher Entwicklung, ist heute noch in der Position, wichtige Entscheidungen zu treffen, die ihre Energienachfrage bestimmen. In den kommenden Jahren wird dort Energie zu einem Grundbedürfnis."
>
> Prof. Dr. M. JÄNICKE, 2008[1]

Das Eingangszitat von Martin JÄNICKE im Rahmen des *German-Indian Sustainability and Climate Change Dialogue* Workshops am 1.10.2008 in Berlin macht deutlich, welche Vielschichtigkeit das Thema der erneuerbaren Energien im deutsch-indischen Interessensaustausch aufweist. Neben Klima- und Umweltfragen werden Themenfelder wie Außenwirtschaft, Entwicklungszusammenarbeit, nachhaltige Entwicklung und Energiesicherheit durch die Zusammenarbeit bei Fragen rund um das Thema angesprochen.

Auf politischer, wirtschaftlicher und wissenschaftlicher Ebene wird bereits auf verschiedenen Wegen der bilaterale Dialog über Energie- und Umweltfragen intensiviert. Hervorzuheben ist in diesem Zusammenhang das seit 2006 jährlich stattfindende *Deutsch-Indische Energieforum*, bei dem hauptsächlich Vertreter aus Politik und Industrie beider Staaten über Möglichkeiten der gegenseitigen Zusammenarbeit beraten (vgl. ZVEI 2008). Darüber hinaus bestehen auf wissenschaftlicher Ebene zahlreiche Kooperationen zwischen Forschungseinrichtungen, Netzwerken und Universitäten beider Länder, die im Zusammenhang mit Technologie, nachhaltiger Entwicklung und Klimawandel einen Schwerpunkt auf erneuerbare Energien gelegt haben (bspw. der *German-Indian Sustainability and Climate Change Dialogue* oder das *Netzwerk internationaler Technologiekooperationen*). Neben der Wissenschaft und Politik sind es aber auch besonders die deutschen Unternehmen, die über den Dialog hinaus neben ihren eigenen ökonomischen Interessen

[1] Übersetzung aus dem Englischen von M. Gröne.

die Möglichkeit haben, einen Beitrag zur Etablierung der erneuerbaren Energien in Indien zu leisten.

1.1 Relevanz der Themenstellung

Eine nachhaltige Energieversorgung wird weltweit als wichtige Voraussetzung für eine stabile wirtschaftliche und gesellschaftliche Entwicklung gesehen. Erneuerbaren Energien wird dabei eine entscheidende Rolle zugeschrieben, da sie nicht nur einen Beitrag zum Klima- und Umweltschutz leisten können, sondern neben der Geschäftsentwicklung und Schaffung von Arbeitsplätzen viele weitere Vorteile bieten (vgl. Abb. 1). Bislang ist die Bedeutung der erneuerbaren Energien mit 13% der weltweiten Energiebereitstellung noch relativ gering, wird aber auch aufgrund der Endlichkeit fossiler Energieträger langfristig eine immer stärkere Bedeutung einnehmen (vgl. BMU 2008a).

Abbildung 1: Vorteile erneuerbarer Energien

Quelle: eigene Darstellung nach BMU 2008a; DEG 2006

Während Unternehmen der Entwicklungs- und Schwellenländer vielfach noch nicht das Know-how haben, entsprechende Technologien zu entwickeln, sind deutsche Unternehmen aufgrund der politischen Förderungen und des technischen Wissens zu Weltmarktführern im Bereich der erneuerbaren Energien geworden. In Deutschland wird die Branche von mittelständischen Unternehmen geprägt, die sich neben den Großkonzernen vermehrt auf den internationalen Märkten etablieren (vgl. LAUER 2002: 27).

Indien gilt bei vielen Branchenkennern als Wachstumsmarkt der Zukunft, dessen Energienachfrage in den kommenden Jahren enorm ansteigen wird. Sollte die Nachfrage durch fossile Energieträger gedeckt werden, wird dies nicht nur negative Folgen auf die Klimaentwicklung haben, sondern auch die Preise für Öl und Gas auf den Weltmärkten sowie den indischen Außenhandel negativ beeinflussen.

Neue Kenntnisse über Chancen und Zukunftsperspektiven, aber auch Probleme, die die erneuerbaren Energien den Unternehmen auf dem indischen Markt bereiten, können das Interesse der Firmen an dem Subkontinent beeinflussen. An der Schnittstelle zwischen Wirtschaft, Politik und Gesellschaft bietet die Geographie aufgrund ihrer interdisziplinären Ausrichtung großes Potenzial für eine Mehrebenenanalyse des indischen Marktes für erneuerbare Energien. In geographischen Fachzeitschriften rücken sowohl das Thema Indien als auch fachliche Fragestellungen zum Thema Energieversorgung in den Forschungsfokus (vgl. bspw. Geographische Rundschau Heft 01/2008 „Globale Energieressourcen“ und Heft 04/2008 „Indien 2008“). Die Themenstellung der vorliegenden Studie zeichnet sich mit der Verbindung der beiden Themenkomplexe durch ein hohes Maß an Aktualität aus.

1.2 Ziele der Untersuchung und Forschungsleitfragen

Bislang ist wenig über das tatsächliche Engagement der deutschen Unternehmen aus dem Bereich der erneuerbaren Energietechnologie[2] bekannt. Verglichen mit den zahlreichen Presseartikeln und dem Medieninteresse ist die wissenschaftliche Auseinandersetzung mit dem Thema aus wirtschaftsgeographischer Perspektive eher gering.

Sowohl auf wissenschaftlicher als auch auf politischer Ebene weisen beide Länder auf die große Bedeutung und das *Win-Win*-Potenzial der Zusammenarbeit in Fragen der erneuerbaren Energien hin. Dabei kommt der Privatwirtschaft eine wichtige Bedeutung zu, da das tatsächliche Handeln dieser Ak-

---

[2] Wenn im Folgenden von deutschen Unternehmen die Rede ist, bezieht sich dies immer auf Firmen der Branche der erneuerbaren Energietechnologie.

teure der Mikroebene einen entscheidenden Beitrag zur Ausbreitung der Technik leisten kann.

Zielsetzung der vorliegenden Studie ist es, ein Verständnis dafür zu entwickeln, welche Möglichkeiten, Probleme und Zukunftsperspektiven deutsche Unternehmen auf dem indischen Markt haben. In diesem Zusammenhang sollen die natürlichen, politischen, wirtschaftlichen und gesellschaftlichen Rahmenbedingungen in Indien aufgezeigt werden, die als Gunst- und Ungunstfaktoren die Marktentwicklung beeinflussen. Interessant für die Analyse des indischen Marktes aus hauptsächlich deutscher Perspektive ist es, einen Überblick darüber zu erhalten, welche deutschen Unternehmen bereits den Schritt der Marktetablierung in Indien gemacht haben. Ein weiteres Ziel der Studie ist es daher, eine erste Bestandsanalyse deutscher Unternehmen durchzuführen und in einem weiteren Schritt zu erheben, welche Erfahrungen die vor Ort aktiven Firmen bislang gemacht haben. Ihre Bewertungen und Einschätzungen können für weitere deutsche Unternehmen, die sich zukünftig für ein Engagement auf dem indischen Subkontinent interessieren, wichtige Handlungsempfehlungen und Orientierung liefern.

Für die vorliegende Studie bieten folgende Forschungsleitfragen das inhaltliche Gerüst der Analyse:

Wie sieht die derzeitige Situation auf dem indischen Energiemarkt aus? Welche Entwicklungen sind zu erwarten? Welche deutschen Unternehmen sind bereits in Indien aktiv und wie beurteilen sie ihre Lage? Welche Gründe sprechen für ein Engagement deutscher Unternehmen aus dem Bereich der erneuerbaren Energien in Indien? Wo sind die Probleme zu sehen?

Welche Voraussetzungen müssen deutsche Unternehmen mitbringen und was müssen die Firmen beachten, um sich langfristig in Indien erfolgreich zu positionieren?

Trägt das Engagement deutscher Firmen zum Technologietransfer und zur Ökologischen Modernisierung in Indien bei?

Die Studie wird einerseits analysieren, welche Möglichkeiten die erneuerbaren Energien für den rasch expandierenden Energiebedarf Indiens spielen können. Andererseits soll sie die Möglichkeiten und Hemmnisse untersuchen, die deutsche Unternehmen, die auf diesem Sektor eine gewisse Führungsrolle einnehmen, bei der Erschließung des indischen Marktes erwarten.

1.3 Aufbau und Vorgehen

Zur strukturierten Beantwortung der Leitfragen ist die Studie insgesamt in acht verschiedene Kapitel gegliedert, die sich mit unterschiedlichen Teilaspekten des Forschungsvorgangs beschäftigen.

Nach der thematischen Einführung und der Aufstellung der Forschungsleitfragen in diesem Kapitel folgt in Kapitel 2 die Darlegung des theoretischen Fundamentes der Studie. Trotz des starken Praxisbezugs darf die wissenschaftliche Einordnung der Themenstellung nicht fehlen. In diesem Zusammenhang werden daher zunächst wichtige Begriffe für den Bezugsrahmen der Studie abgegrenzt, wobei eine Definition des Begriffes erneuerbare Energien eigenständig abgeleitet wird. Darüber hinaus werden Anknüpfungspunkte des Themas der Studie an (wirtschafts-)geographische Ansätze und Modelle diskutiert.

Kapitel 3 beinhaltet die Darstellung des Forschungsdesigns. Um den Erkenntnisweg nachvollziehbar zu machen, werden die angewendeten Methoden der empirischen Sozialforschung dargestellt und ihre Auswahl begründet. Neben der Erläuterung des Forschungsaufbaus wird der gesamte Forschungsverlauf kritisch reflektiert.

In Kapitel 4 folgt mit der Vorstellung des Untersuchungsgebietes Indien die regionale Annäherung an das Thema der erneuerbaren Energien, da neben landeskundlichen Aspekten ein Schwerpunkt auf die Rahmenbedingungen für erneuerbare Energien gelegt wird. Schon die natürlichen, politischen, wirtschaftlichen und gesellschaftlichen Bedingungen liefern erste Aspekte zur Beurteilung der Möglichkeiten deutscher Firmen, in den Markt einzusteigen. Das vierte Kapitel schließt mit einer Darstellung der bisherigen Entwicklung der deutsch-indischen Wirtschaftsbeziehungen ab.

Die Entwicklung des indischen Marktes für erneuerbare Energien bildet den Schwerpunkt des fünften Kapitels. Dazu werden mit der Darstellung der Energiesituation Indiens Hintergrundinformationen geliefert, um die Möglichkeiten einzuschätzen, die die erneuerbaren Energien für den rasch expandierenden Energiebedarf Indiens spielen können. Des Weiteren werden die wichtigsten Akteure vorgestellt, die die derzeitige und zukünftige Situation auf dem Markt für erneuerbare Energien beeinflussen. Den Abschluss des Kapitels bildet ein kurzer Ausblick in die Zukunft der Energieversorgung des Subkontinents mit dem Schwerpunkt der Bedeutung der erneuerbaren Energien.

Mit der Bestandsanalyse deutscher Unternehmen in Indien wird in Kapitel 6 der Fokus auf die deutschen Firmen gelegt, die bereits mit der Erschließung des indischen Marktes begonnen haben und daher wichtige Informationen zu den Möglichkeiten, Problemen und Zukunftsaussichten vor Ort liefern können. Interessant dabei ist nicht nur, welche Strukturen die Unternehmen vorweisen, sondern auch, in welchen Regionen des Subkontinentes sie sich positioniert haben.

Den Kern der Untersuchung bildet das siebte Kapitel. Hier werden die Erfahrungen und Bewertungen des indischen Marktes für erneuerbare Energien aus Sicht verschiedener Akteure analysiert. Zunächst stehen die Einschätzungen indischer und deutscher Experten zu den Möglichkeiten, Problemen und Zukunftsperspektiven sowohl des indischen Marktes allgemein als auch speziell für deutsche Unternehmen der Branche im Vordergrund. Danach wird die Analyseebene auf die Mikroebene gerichtet, indem die Sicht der deutschen Unternehmen vor Ort zu den unternehmensspezifischen Erfahrungen, zu der erneuerbaren Energietechnologie in Indien allgemein und zu den Erfolgsfaktoren deutscher Unternehmen analysiert wird. Es folgt eine Zusammenführung der Ergebnisse beider Befragungen und eine Überprüfung der nach der Expertenbefragung aufgestellten Thesen.

Abschließend werden in Kapitel 8 die wesentlichen Ergebnisse der Studie zusammengefasst und allgemeine Handlungsempfehlungen für Unternehmen der Branche gegeben, die an einer Erschließung des indischen Marktes interessiert sind. Die Studie endet mit einem Ausblick zum Thema erneuerbare Energien in Indien.

2 Theoretischer Hintergrund

Für eine fundierte Diskussion der Entwicklung des indischen Marktes für erneuerbare Energien unter besonderer Berücksichtigung der Interessen deutscher Unternehmen, dient dieses Kapitel der theoretischen Einordnung des Themas. Erneuerbare Energien unter dem wirtschaftsgeographischen Aspekt der Internationalisierung deutscher Technologieunternehmen sind ein zentrales Anliegen der Studie. Daher werden in einem ersten Schritt Definitionen des Begriffes erneuerbare Energien diskutiert und in den energiewirtschaftlichen Kontext eingeordnet, der zum Verständnis dieser Studie relevant ist. Dabei wird eine eigene Definition formuliert, die der vorliegenden Untersuchung zugrunde gelegt wird. Im Anschluss daran wird der Begriff erneuerbare Energietechnologie erläutert und für diese Untersuchung eingegrenzt.

Danach folgt eine Vorstellung zweier Modelle, die die Diskussion energie- und umweltbezogener Themen in der Wirtschaftsgeographie ermöglichen und die Vorüberlegungen der Analyse des indischen Marktes für erneuerbare Energien bilden. Erneuerbare Energien spielen in beiden Ansätzen eine zentrale Rolle.

2.1 Begriffsabgrenzungen

2.1.1 Erneuerbare Energien

In der wissenschaftlichen Diskussion wird der Begriff erneuerbare Energien mit unterschiedlicher Schwerpunktsetzung definiert. Vielfach wird er als „Sammelbegriff" (vgl. STATISTISCHES BUNDESAMT 2006) für die natürlich vorkommenden Energien Solarenergie, Windkraft, Erdwärme, Wasserkraft, Gezeitenkraft und die moderne Nutzung der Biomasse verwendet (vgl. BMZ 2006: 23), ohne dass näher auf die Entstehung und Unterteilung eingegangen wird.

Eine ausführlichere Definition ist von KALTSCHMITT entworfen worden:

> „Unter erneuerbaren Energien werden die Primärenergien verstanden, die – gemessen in menschlichen Dimensionen – als unerschöpflich angesehen werden. Sie werden laufend aus den Energiequellen Solarenergie, geothermische Energie und Gezeitenenergie gespeist. Die von der Sonne eingestrahlte Energie ist

> für eine Vielzahl weiterer erneuerbarer Energien verantwortlich (u. a. Windenergie, Wasserkraft)." (KALTSCHMITT 2006: 4).

Dabei bezieht sich der Begriff Primärenergie auf den Energiegehalt von Energieträgern, die noch keiner technischen Umwandlung unterworfen wurden (vgl. ebd.: 2). Die erneuerbaren Energiequellen können entweder direkt, wie beispielsweise bei der Sonnenenergie oder nach einer natürlichen Energieumwandlung genutzt werden, wie etwa die Bioenergie (vgl. KLEEMANN 1988: 3). Die Unerschöpflichkeit gilt nicht im physikalischen Sinn, sondern bedeutet, dass die Energien gemäß der menschlichen Zeitmaßstäbe regenerativ sind. Sie werden laut Definition durch drei grundsätzlich unterschiedliche Energiequellen erneuert. Die Definition stellt auch die Bedeutung der Sonnenenergie als wichtigste Quelle für weitere erneuerbare Energieformen heraus. Dennoch ist es nicht immer möglich, die verschiedenen Erscheinungsformen erneuerbarer Energiequellen den drei Primärquellen eindeutig zuzuordnen (vgl. KLEEMANN 1988: 1).

Während KALTSCHMITT Solarenergie, geothermische Energie und Gezeitenenergie bereits als Energiequellen definiert, bezeichnet das *Bundesministerium für Umwelt, Naturschutz und Reaktorsicherheit* (BMU) zunächst die Sonne, den Mond und die Erde als Primärenergiequellen. Das Ministerium spezifiziert die Angaben dahingehend, dass die erneuerbaren Energien ihre Kraft aus der Sonnenstrahlung, dem Isotopenzerfall im Erdinneren und der Anziehungskraft des Mondes beziehen (vgl. BMU 2008a: 18).

Als Synthese der beiden Aussagen wird der Begriff der erneuerbaren Energien für die vorliegende Studie wie folgt definiert:

> „Der Begriff erneuerbare Energien bezeichnet Primärenergien, die in menschlichen Dimensionen als unerschöpflich angesehen und laufend aus den Primärenergiequellen Sonne, Mond und Erde gespeist werden. Während die Sonne hauptsächlich für die Erscheinungsformen Biomasse, Windkraft, Wasserkraft und Solarenergie verantwortlich ist, ist der Mond aufgrund der Gravitation ausschlaggebend für die Gezeitenenergie und die Erde vor allem durch den Isotopenzerfall Primärenergiequelle der Geothermie."

Abbildung 2 gibt einen Überblick über die einzelnen Formen der erneuerbaren Energien und ihrer Primärenergiequellen.

Abbildung 2: Erneuerbare Energieformen

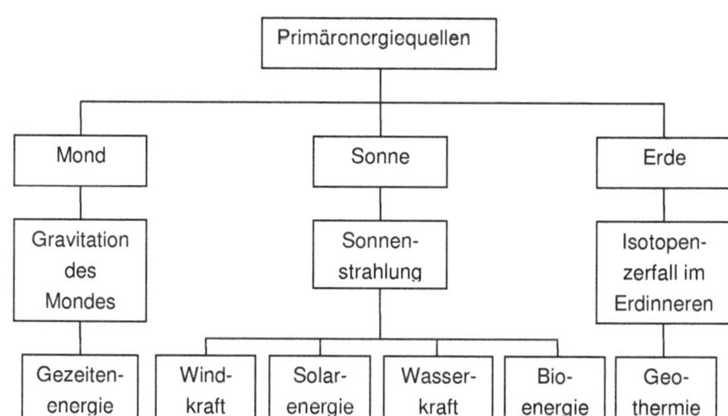

Quelle: eigene Darstellung nach BMU 2006; KALTSCHMITT 2006

Im politischen Rahmen werden häufig nicht alle Projekte, die mit erneuerbaren Energien durchgeführt werden, auch als solche definiert. So ist beispielsweise in Indien das *Ministerium für Neue und Erneuerbare Energien* (*Ministry of New and Renewable Energy*, MNRE) nicht für Wasserkraftprojekte über 25 MW zuständig. Die Großwasserkraftprojekte fallen unter den Aufgabenbereich des *Ministeriums für Energie* (*Ministry of Power*, MoP). Auch bei globalen umweltpolitischen Diskussionen werden Großwasserprojekte wegen ökologischer und sozialer Bedenken vielfach nicht zu den erneuerbaren Energien gezählt.

Uneinigkeit herrscht in der Fachliteratur und Praxis auch darüber, ob und wenn ja, unter welchen Voraussetzungen städtischer und industrieller Müll sowie Wasserstoff zu den erneuerbaren Energien gezählt werden kann (vgl. BRÜCHER 2008: 5; KALTSCHMITT 2006: 4). In Indien fallen beide Bereiche unter die Zuständigkeiten des MNRE, werden aber in der Analyse der einzelnen Branchen keine besondere Berücksichtigung finden, da noch keine deutschen Unternehmen in diesem Bereich tätig sind. Bei offiziellen Statistiken des MNRE werden städtischer und industrieller Müll allerdings in die Berechnungen zur Stromkapazität aus erneuerbaren Energien mit einbezogen (vgl. Kapitel 5).

Weitgehende Einigkeit besteht darin, dass die Begriffe erneuerbare Energien, regenerative Energien und regenerierbare Energien synonym verwendet werden können (vgl. HENNICKE u. MÜLLER 2006: 265; KALTSCHMITT 2006: 4). Einzig BRÜCHER zählt zu regenerativen Energien allein die erneuerbaren Energien solaren Ursprungs (vgl. BRÜCHER 2008: 5). Da diese Auffassung in der allgemeinen Literatur nicht geteilt wird, werden die oben genannten Bezeichnungen in dieser Studie synonym verwendet.

2.1.2 Erneuerbare Energietechnologie

Um die unter 2.1.1 genannten Formen von erneuerbaren Energien zur Deckung des Energie- und vor allem Strombedarfs nutzen zu können, ist eine technische Umwandlung nötig.

Alle Technologien, die dazu dienen, durch einzelne Produkte oder technische Systeme erneuerbare Energien so umzuwandeln und zu veredeln, dass sie möglichst effizient für den Menschen nutzbar gemacht werden können, werden in dieser Studie als erneuerbare Energietechnologien bezeichnet.

Da diese Studie aus wirtschaftsgeographischer Sicht die von Politik und Wissenschaft postulierten Internationalisierungsmöglichkeiten deutscher Unternehmen unter dem Konzept der Ökologischen Modernisierung untersucht, wird die Branche der erneuerbaren Energietechnologie nun in das System der Technologiebranchen eingeordnet.

Es bieten sich zwei Möglichkeiten der Einordnung in eine höhere Kategorisierung an.

Zunächst scheint es sinnvoll, die Branche der erneuerbaren Energietechnologie als Teilbranche der Energietechnologie aufzufassen, womit sie in Verbindung zu Teilbranchen wie Öl, Kohle, Gas oder Atomkraft steht. All diese Branchen beeinflussen eines der großen Themen der Zukunft, die Frage der Energieversorgung der Weltbevölkerung (vgl. BCG 2006: 34 ff.). Sie grenzen sich gegenüber anderen Technologiebranchen dadurch ab, dass sie auf verschiedene Weise und mit unterschiedlichen Techniken Energie für den Menschen nutzbar machen.

Daneben ist es ebenso möglich wie üblich, die Branche der erneuerbaren Energietechnologie der Umwelttechnologie zuzuordnen (vgl. EU

KOMMISSION 2004; BMU 2008b). Die erneuerbare Energietechnologie trägt direkt dazu bei, den Ressourcenverbrauch und die schadstoffbedingte Umweltverschmutzung zu verringern. Im *Aktionsplan für Umwelttechnologie in der Europäischen Union - Stimulation von Technologien für nachhaltige Entwicklung* werden alle Technologien zur Umwelttechnologiebranche gezählt, „die umweltverträglicher sind als entsprechende Alternativen" (EU KOMMISSION 2004: 2). Dies ist eine sehr weite Definition der Umwelttechnologie, beinhaltet aber die erneuerbare Energietechnologie, die darüber hinaus mit einzelnen Beispielen im Aktionsplan explizit genannt werden. Auch die Branchen der Umwelttechnologie lassen sich auf einen gemeinsamen Nenner zurückführen. Sie alle tragen dazu bei, Problemlösungen für zwei große Herausforderungen der Zukunft, den Klimawandel und die Umweltverschmutzung, zu finden.

Da in der Literatur und Praxis sowohl die Varianten der Energietechnologie als auch der Umwelttechnologie üblich sind, soll an dieser Stelle keine ausschließende Zuordnung erfolgen. Im Rahmen dieser Untersuchung wird die Branche der erneuerbaren Energietechnologie sowohl in Bezug zu anderen Energiebranchen als auch zur Umwelttechnologie gebracht. Die Ausdrücke Branche/Markt für erneuerbare Energietechnologie und Branche/Markt für erneuerbare Energien werden synonym verwendet[3].

2.2 Energie- und umweltbezogene Themenkomplexe in der Wirtschaftsgeographie

Während die Wechselwirkung zwischen Mensch und Natur in ihrer räumlichen Interaktion als Hauptgegenstand der Geographie angesehen wird, bildet die räumliche Dimension ökonomischer Prozesse die Grundlage der Wirtschaftsgeographie (vgl. THEIS 2000: 62).

Dabei hat sich die Wirtschaftsgeographie dem Wandel im ökonomischen Denken unter energie- und umwelt(schutz)bezogenen Themenstellungen zunächst eher zurückhaltend angeschlossen (vgl. BRÜCHER 1997; SOYEZ u.

---

[3] Wird im Folgenden an manchen Stellen nur der Begriff (indischer) Markt verwendet, handelt es sich um den (indischen) Markt für erneuerbare Energien/erneuerbare Energietechnologie.

SCHULZ 2002). Sie findet aber in den letzen Jahren immer größere Beachtung (bspw. BRÜCHER 2008; GERLING u. GANZ 2008), da die Bezüge das Fach um einen zentralen Problembereich jeder wirtschaftlichen Tätigkeit erweitern.

Die Verfügbarkeit und Erzeugung von Energie gehört zu den Voraussetzungen wirtschaftlichen Handelns und werden auf verschiedenste Weise raumwirksam. Die Natur dient dabei nicht nur als Quelle für erneuerbare und nichterneuerbare (Energie-)Ressourcen, sondern auch als Aufnahmemedium für Schadstoffemissionen durch konventionelle Energieerzeugung (vgl. BRAUN 2002: 13). Eine besondere Bedeutung kommt der Reduzierung und Vermeidung von Stoffeinträgen für eine nachhaltige Entwicklung zu, weshalb die Wirtschaftsgeographie sich vermehrt mit den stofflich-energetischen Prozessen auf Unternehmensebene beschäftigt (vgl. BRAUN, SCHULZ u. SOYEZ 2003: 242; SCHULZ 2002).

Im Rahmen der Ressourcengeographie, die sich schwerpunktmäßig mit der Verfügbarkeit von Rohstoffen beschäftigt, weisen BRAUN, SCHULZ und SOYEZ auf die hohe Relevanz der Thematisierung maßstabsübergreifender Arbeitsfelder und den damit verbundenen Fragestellungen in Bereichen der (Energie-)Ressourcenverfügbarkeit und -abhängigkeit, wirtschaftlichen Entwicklung, technologischen Innovationen und Know-how Transfer hin (vgl. ebd: 235 u. 243).

Als interessante und zugleich schwierige Aufgabe der umweltbezogenen Wirtschaftsgeographie wird die Verknüpfung der ökologischen Dimension mit ökonomischen, politischen und gesellschaftlichen Systemzusammenhängen im Sinne einer integrativen Betrachtungsweise verschiedener Maßstabsebenen gesehen. Bei einer akteurs- und entscheidungszentrierten Konzeption wirtschaftsgeographischer Umweltforschung bilden Wirtschaftsunternehmen aufgrund ihres raumprägenden Charakters eine bedeutende analytische Bezugsgröße. Sie leisten nicht nur einen großen Verschmutzungsbeitrag, sondern haben außerdem hohes Potenzial zur Entwicklung innovativer Problemlösungen. Dabei stehen im Sinne einer ökologisch nachhaltigen Unternehmensentwicklung die Minimierung des Ressourcenverbrauchs und der Stoffumsätze, sowie eine effiziente Nutzung erneuerbarer Energien im Mittelpunkt (vgl. BRAUN 2002: 17 ff.).

Allerdings ist auf der Mikroebene die Betrachtung von Unternehmen nur dann sinnvoll, wenn auch das Umfeld unternehmerischer Entscheidungen auf regionaler, nationaler und internationaler Ebene beleuchtet wird. Während ohne Berücksichtigung des komplexen Mehrebenensystems Handlungen auf der Mikroebene nicht erklärbar sind, werden aber auch ohne das Verständnis für die Motivationen und Handlungslogiken der einzelnen Akteure die Analysen der Märkte und ihrer Rahmenbedingungen ins Leere laufen (vgl. BRAUN, SCHULZ u. SOYEZ 2003: 233 ff.). In einer ökonomisch zunehmend verflochtenen und mit globalen Umweltrisiken und Energieproblemen konfrontierten Welt bieten Unternehmen im Bereich der Umweltschutz- und Energietechnologie innovative Problemlösungen, die ihnen neue, internationale Marktchancen eröffnen (vgl. ebd.: 240 u. 243).

Räumliche Verlagerungseffekte des Wirtschaftens zu Schwellen- und Entwicklungsländern, verbunden mit innovativen Technologien im Bereich Umwelt und Energie, führen zu neuen Mustern wirtschaftlichen Handelns und erweitern das Forschungsspektrum für die energie- und umweltbezogene Wirtschaftsgeographie (vgl. BRAUN 2002: 25; BRÜCHER 2008: 11).

Insgesamt ist eine Verknüpfung von ethisch-normativ argumentierenden und ökonomisch-rationalen Ansätzen notwendig, um dem Umwelt-Wirtschaft-Energie-Gesellschaft-Komplex gerecht zu werden (vgl. BRAUN 2002: 24).

Die energie- und umweltbezogene Sichtweise stellt eine doppelte Chance für die Wirtschaftsgeographie dar. Zum einen wird angewandtes Umweltwissen generiert, das in Politik, Wirtschaft und Gesellschaft verstärkt nachgefragt wird. Zum anderen können die Themenkomplexe dazu beitragen, die Wirtschaftsgeographie theoretisch konzeptionell weiterzuentwickeln (vgl. BRAUN, SCHULZ u. SOYEZ 2003: 244 f.).

In den folgenden Unterabschnitten werden zwei verschiedene Ansätze vorgestellt und diskutiert, die die theoretischen Vorüberlegungen zur Analyse des Marktes für erneuerbare Energien in Indien unter besonderer Berücksichtigung deutscher Unternehmen bilden.

2.2.1 Das Konzept der Ökologischen Modernisierung

In der Wirtschaftsgeographie hat die Beschäftigung mit dem wirtschaftenden Menschen und seiner Umwelt lange Tradition. Dabei scheinen ältere geographische Paradigmen wie beispielsweise Geodeterminismus oder Geofaktorenlehre für moderne umweltbezogene Wirtschaftsgeographie wenig hilfreich (vgl. BRAUN, SCHULZ u. SOYEZ 2003: 231). Eines der moderneren Konzepte, das ursprünglich nicht in der Wirtschaftsgeographie entwickelt wurde, aber viele Anknüpfungspunkte für geographische Sichtweisen aufweist, ist der Ansatz der Ökologischen Modernisierung.

Zunächst wird der Ansatz aus inhaltlich-konzeptioneller Sicht vorgestellt, wobei ein Schwerpunkt auf Aspekte gelegt wird, die für die Themenstellung der Studie von Relevanz sind. Daran anschließend werden Schwachpunkte des Konzeptes aufgezeigt, bevor die Querverbindungen zur Wirtschaftsgeographie und zum Thema der vorliegenden Studie gezogen werden.

Das Konzept der Ökologischen Modernisierung verbindet Lösungswege zur Verbesserung der Umweltbedingungen bei gleichzeitiger Fortführung des ökonomischen Wachstums basierend auf Innovationen, technischen Veränderungen und höherer Wettbewerbsfähigkeit. Es gilt die zentrale Annahme, dass ökologische Effizienzgewinne ohne radikale strukturelle Veränderungen in Staat und Gesellschaft durch politische Förderung ökologisch besser angepasster Verfahren und Produkte erreicht werden können (vgl. BUTTEL 2000: 62).

Die Anfänge des Konzeptes der Ökologischen Modernisierung gehen auf die 1980er Jahre zurück, als das Konzept als eine Antwort auf den im Jahr 1972 vom *Club of Rome* veröffentlichten Bericht „Grenzen des Wachstums" entwickelt wurde. Darüber hinaus wird die Entwicklung des Konzepts als Gegenposition zu extremen Umweltgruppen der 1970er Jahre verstanden, die eine Lösung der Umweltprobleme nur durch grundlegende Systemänderungen postulierten (vgl. ACSELRAD 2002: 48 ff.; SCHULZ u. SOYEZ 2002: 110).

Im Laufe der Jahre wurde das ursprünglich technologiefixierte Konzept durch makroökonomische, policybezogene und institutionelle Ansätze ergänzt und verfeinert, so dass heute eine hohe Vielseitigkeit in Bezug auf Aussagen und

Anwendungsbereiche des Konzeptes in der Literatur zu finden ist. Dabei haben sich vier Hauptvarianten herausgebildet.

Zunächst ist die umweltsoziologische Sichtweise zu nennen, die von J. HUBER, dem Mitbegründer des Konzeptes der Ökologischen Modernisierung, geprägt wird. HUBER stellt die Entwicklung und Anwendung moderner Technologien als Motor der Transformation heraus und unterstreicht die Bedeutung der Industrie als wichtigste Komponente der Ökologischen Modernisierung. A. P. J. MOL und G. SPAARGAREN erweitern die soziologische Variante um staatlich-gesellschaftliche Dimensionen (vgl. BUTTEL 2000: 58 f.).

Als zweite Variante ist der politikwissenschaftlich geprägte Diskurs über die Bedeutung des Staates und der Umweltpolitik für die makroökonomische Restrukturierung entwickelter Industrienationen zu erwähnen. Zu den Hauptvertretern dieser Sichtweise werden M. JÄNICKE, ein weiterer Mitbegründer des Konzeptes, und M. HAJER gezählt. Umweltschutzauflagen und Regulierungen werden als Chance für Unternehmen gesehen, neue Produkte zu entwickeln und Wettbewerbsvorteile auf internationalen Märkten zu erlangen. Neue und saubere Technologien, unter anderem aus dem Bereich der erneuerbaren Energien, spielen eine Hauptrolle bei der Ressourcenschonung, dem Umweltschutz und der nachhaltigen Sicherung des Energieangebotes (vgl. GIBBS 2000: 11, 15; JÄNICKE 2007: 57). Staaten, in denen die Grundannahmen des Konzepts der Ökologischen Modernisierung umgesetzt werden, haben eine breite Koalition in Politik, Forschung & Entwicklung, Wirtschaft sowie der Gesellschaft für die Restrukturierung und werden vielfach zu *lead markets.* Das bedeutet, dass in einer ersten Phase die Etablierung eines nationalen Marktes für Umwelttechnologie durch umweltpolitische und technologische Pionierleistungen gelingt. In der zweiten Phase findet auf politischer Ebene eine bilaterale Zusammenarbeit mit Partnerländern für die Unterstützung des Technologietransfers statt, während in der Wirtschaft Pionierunternehmen zu Vorreitern der Erschließung neuer Märkte werden und ihren *first mover advantage* ausnutzen. Solche Pionierländer demonstrieren, dass innovative Technologien marktfähig und die Politikinstrumente ökonomisch, technisch und politisch umsetzbar sind. Deutschland wird als Vorreiterland der Ökologischen Modernisierung und *lead market* im Bereich der erneuerbaren Energietechnologie gesehen (vgl. JÄNICKE, KUNIG u. STITZEL 2003: 126 f.; JÄNICKE u. JAKOB 2007: 33 ff.).

Die dritte Variante wird verstanden als strategisch ausgerichtetes, praktisches Umweltmanagement der produzierenden Industrie. Autoren nutzen das Konzept der Ökologischen Modernisierung, um das Verhalten des Privatsektors in Bezug auf betriebliche Verbesserung im Emissionsschutz und der Energieeffizienz zu untersuchen (vgl. BUTTEL 2000: 58; SOYEZ u. SCHULZ 2002: 109).

Als vierte Sichtweise wird von verschiedenen Autoren die Anführung der Ökologischen Modernisierung zur Erklärung jeder Art von umweltbezogener Innovation und Verbesserungen auf politischer und wirtschaftlicher Ebene identifiziert. Beispielsweise wird die von der Politik eingeführte Internalisierung externer Effekte als Anzeichen der Ökologischen Modernisierung gesehen (vgl. BUTTEL 2000: 59).

Während in den 1980er und 1990er Jahren das Hauptinteresse auf der Analyse marktwirtschaftlicher Industriewirtschaften des Nordens lag, wird der Ansatz seit der Jahrtausendwende vermehrt auf Schwellen- und Entwicklungsländer ausgeweitet, um die positiven wie negativen Umweltfolgen ausländischer Direktinvestitionen sowie die politischen und wirtschaftlichen Prozesse unter dem Ansatz der Ökologischen Modernisierung zu untersuchen (vgl. BRAUN, SCHULZ u. SOYEZ 2003: 243; BUTTEL 2000: 59; JÄNICKE u. JAKOB 2007: 43).

Durch die Vorstellung der vier Varianten wird deutlich, dass es sich beim Konzept der Ökologischen Modernisierung nicht um eine geschlossene, kodifizierte Theorie handelt. Die Anwendungsmöglichkeiten sind auch deswegen breit, weil das Konzept nicht nur analysierend und verstehend, sondern auch präskriptiv, normativ argumentierend zur Erarbeitung politischer, organisatorischer und technischer Lösungsvorschläge verwendet werden kann (vgl. MURPHY 2000: 4).

Dennoch lassen sich verschiedene Grenzen und Kritikpunkte des Konzeptes der Ökologischen Modernisierung herausstellen. Die postulierte Vereinbarkeit von Umweltschutz und uneingeschränktem Wirtschaftswachstum suggeriert eine Sorglosigkeit im Zusammenhang mit Umwelt- und Energiefragen der Zukunft. Die Notwendigkeit eines Umdenkens hin zu neuen Wegen des Konsums und zum Leitbild der Suffizienz läuft Gefahr, in den Hintergrund gedrängt zu werden (vgl. BUTTEL 2000: 64).

Darüber hinaus stößt das Konzept dort an seine Grenzen, wo im Umweltbereich unmittelbare Gefahrenabwehr zu leisten ist. Das Konzept hat keine Lösungswege für Probleme, für die noch keine technischen Lösungen entwickelt wurden (vgl. JÄNICKE, KUNIG u. STITZEL 2003: 127).

Als weiterer Kritikpunkt wird die vielfach noch vorherrschende eurozentrische Perspektive des Ansatzes in der Literatur angeführt. In diesem Zusammenhang wird unter dem Gesichtspunkt der zunehmenden wirtschaftlichen und politischen Globalisierung eine Anwendung des Konzeptes auf Transformations- und Entwicklungsländer gefordert, was ansatzweise in den Arbeiten der letzten Jahre umgesetzt wurde (vgl. BRAUN, SCHULZ u. SOYEZ 2003: 232).

Des Weiteren wird von SOYEZ und SCHULZ eine Vernachlässigung von regionalen und lokalen sowie maßstabsübergreifenden Sichtweisen, bedingt durch die starke Konzentrierung auf die nationalstaatliche Ebene, bemängelt (vgl. SOYEZ und SCHULZ 2002: 111).

Gerade vor dem Hintergrund der beiden letztgenannten Kritikpunkte bestehen interessante Querverbindungen zur Wirtschaftsgeographie. Durch die für die Geographie typische grenzüberschreitende Mehrebenenanalyse kann das Konzept der Ökologischen Modernisierung in raumbezogenen Bereichen ergänzt werden. Eine Stärke der wirtschaftsgeographischen Sichtweise liegt darin, dass sie „die Verknüpfung zwischen Mikro-, Meso- und Makroebene, zwischen dem einzelnen Akteur, seinem regionalen Umfeld sowie dem nationalen und supranationalen institutionellen Rahmen herstellen kann." (BRAUN, SCHULZ u. SOYEZ 2003: 245).

Außerdem bilden die Internationalisierung und Globalisierung wirtschaftlicher Aktivitäten und Verflechtungen traditionelle Themenfelder der Wirtschaftsgeographie. Beispielsweise können Märkte und Warenketten ökologisch innovativer Produkte, wie im Bereich der erneuerbaren Energien, im internationalen

Kontext unter Bezug des Konzeptes der Ökologischen Modernisierung aus geographischer Sicht analysiert werden (vgl. SOYEZ u. SCHULZ 2002: 115).

Somit beschreibt das Konzept der Ökologischen Modernisierung nicht nur die Möglichkeit einer *Win-Win*-Situation für Umwelt und Ökonomie, sondern profitiert selbst von solch einer Situation gegenseitiger Bereicherung in Verbindung mit der Wirtschaftsgeographie.

In der vorliegenden Studie stellt das Konzept der Ökologischen Modernisierung eines der theoretischen Grundgerüste dar, vor dessen Hintergrund die Entwicklung des indischen Marktes für erneuerbare Energien und das Engagement der deutschen Firmen analysiert werden sollen. Bezogen auf das Konzept wurde die Branche der erneuerbaren Energietechnologie als innovative Umweltschutztechnologie ausgewählt, da sie einen entscheidenden Beitrag dazu leistet, dass nutzbare Energie weitgehend klimaneutral und nachhaltig für wirtschaftliche Entwicklung zur Verfügung steht. Deutschland steht für eine Industrienation, die sich gerade auf dem Gebiet der erneuerbaren Energien, bedingt durch die politische Förderung, als Vorreiter einen internationalen Namen gemacht hat. So beschäftigt sich die Studie mit der Frage, welche Erfahrungen deutsche Unternehmen auf den internationalen Märkten, hier am Beispiel Indiens, machen und gemacht haben. Indien ist von besonderem Interesse, weil es als Transformationsland mit hohem wirtschaftlichem Wachstum nicht nur eine enorme Nachfrage nach Energie hat, sondern in Zukunft bei weiterem Ausbau der Energiegewinnung aus fossilen Energieträgern auch Umweltverschmutzer mit globalen Auswirkungen werden würde. Darüber hinaus besitzt das Land aufgrund seiner geographischen Lage günstige Voraussetzungen für die Nutzung erneuerbarer Energien.

Ein Schwerpunkt der Fragestellungen liegt auf der Mikroebene mit der Analyse der Unternehmen als Hauptakteure aus dem Bereich der Wirtschaft und der betrieblichen Innovationsforschung. Die Mikroebene wird aber auch verknüpft mit der Meso- und Makroebene durch nationale und bundesstaatliche Vertreter aus Politik, Wirtschaftsförderung und Wissenschaft.

Möglicherweise können die Entwicklungspfade der deutschen Unternehmen in Indien aufschlussreiche Informationen für die Bewertung der internationalen Wettbewerbsfähigkeit und des *first mover advantage* aus dem Konzept der Ökologischen Modernisierung liefern.

Darüber hinaus wird hinterfragt, inwieweit Ansätze des Konzeptes in Indien in Bezug auf die politische Unterstützung und wirtschaftliche Entwicklung der erneuerbaren Energietechnologie zu erkennen sind.

2.2.2 Das Modell „Energy from space versus energy for space"

Ein Ansatz, der vor dem Hintergrund der Raumwirksamkeit der Energienutzung für ökonomische Aktivitäten im Rahmen der (Wirtschafts-)Geographie von Interesse ist, ist das Modell „*Energy from space versus energy for space*". Nach einer inhaltlichen Vorstellung des Modells werden Bezugspunkte zur Themenstellung der vorliegenden Studie hergestellt.

In historischer Perspektive werden drei verschiedene Phasen energiewirtschaftlicher Systeme herausgestellt, die die Rahmenbedingungen für wirtschaftliche und gesellschaftliche Strukturen bestimmen. Entscheidend ist dabei sowohl die Beziehung zwischen Fläche und Energienutzung als auch die Nutzungsformen der Energie(-träger) (vgl. BRÜCHER 2008: 4 f.).

In der vorindustriellen Phase bestimmen erneuerbare Energien wie die Nutzung von Holz, die Muskelkraft der Menschen und Tiere sowie die Nutzung der Wind- und Wasserkraft das Energiesystem der Menschen. Mechanische und chemische Energien werden ausschließlich aus Energieformen solaren Ursprungs gewonnen. Das vorindustrielle Energiesystem hängt im Wesentlichen von der Verfügbarkeit der Fläche ab, auf welche die Sonnenenergie einstrahlt, sei es Ackerland, Weide oder Wald. Eine Ausnahme bilden die Wind- und Wasserkraft, denen keine spezifische Fläche gewidmet werden muss, die aber standortgebundene Nachteile haben, da die Energie zur damaligen Zeit nicht in den Raum transportiert werden konnte. Somit findet die Energieerzeugung und -nutzung dezentral statt (*energy from* space) und ist prinzipiell mit der Sonneneinstrahlung synchronisiert. Einer Agglomeration von Siedlungen und Gewerbezentren sind Grenzen gesetzt, da die Energie nicht konzentriert werden kann (vgl. SIEFERLE 1997: 27 f. u. 37).

Die industrielle Phase lässt sich mit den Worten *energy for space* charakterisieren, da hier fossile Energieträger wie Kohle, Erdöl und -gas sowie Uran an wenigen, unregelmäßig verteilten Standorten gefördert werden, „um sie von dort „für“ die Versorgung des Raumes zu verteilen.“ (BRÜCHER 2008: 5). Aufgrund technischer Innovationen kann zum ersten Mal eine Konversion von chemischer in mechanische Energie erfolgen, was die Möglichkeiten für die Entwicklung von Transportwesen und Industrie unabhängig von der Verfügbarkeit der Fläche ermöglicht. Die Nutzung der fossilen Energieträger kann wegen der Endlichkeit der Ressourcen aber kein dauerhaftes Energiesystem darstellen (vgl. SIEFERLE 1997: 42). Aus diesem Grund ist in der bereits begonnenen postindustriellen Phase eine Rückbesinnung auf die Nutzung der erneuerbaren Energien mit moderner Technologie langfristig nötig.

Die postindustrielle Phase knüpft an die vorindustrielle Phase an, indem sie wieder den Energiebedarf aus der Fläche bezieht, also „*energy from space*“. Der Trend geht auch wieder zurück zu dezentralen Energieversorgungssystemen. Ein entscheidender Vorteil aber liegt darin, dass aufgrund der technischen Entwicklungen nicht nur alle Formen erneuerbarer Energien solaren Ursprungs, sondern auch Erdwärme und Gezeitenenergie genutzt werden können. Außerdem kann durch die Erzeugung von Elektrizität Energie über längere Strecken transportiert und in alle Energieformen umgewandelt werden (vgl. BRÜCHER 2008: 6 f.).

Vor dem Hintergrund der skizzierten Entwicklung der Energiesysteme wird die langfristige Bedeutung der erneuerbaren Energien deutlich. Für die Stabilität der wirtschaftlichen Entwicklung wird seit jeher der Zugang zu Energie als wichtiger Faktor angesehen. Wie die Nutzung der erneuerbaren Energien in Indien charakterisiert ist und aus welchen Merkmalen der drei verschiedenen Energiesysteme sich Indiens Energienutzung zusammensetzt, soll in dieser Studie näher untersucht werden.

3 Forschungsdesign

Das folgende Kapitel dient der Nachvollziehbarkeit und theoriegeleiteten Begründung des Forschungsverlaufes.

Um die Auswahl der Forschungsmethoden zu begründen, sind zunächst einige methodologische Vorüberlegungen notwendig.

Das Ziel aller Wissenschaften ist nach LAMNEK „begründete Aussagen über ihren Objektbereich zu formulieren" (LAMNEK 2005: 47). In den Sozialwissenschaften, und somit auch in der Humangeographie, geschieht dies mittels der Methoden der empirischen Sozialforschung. Empirische Sozialforschung wird verstanden als: „systematische Erfassung und Deutung sozialer Tatbestände" (ATTESLANDER 2008: 3). Das Wort „systematisch" weist darauf hin, dass die Erfahrung der Umwelt nach Regeln verläuft und der Prozess der Datengewinnung in jeder Phase nachvollziehbar gemacht werden muss. Unter „sozialen Tatbeständen" werden unter anderem von Menschen geschaffene Gegenstände sowie Meinungen und Informationen über Erfahrungen, Einstellungen, Werturteile und Absichten verstanden (vgl. ebd.), welche, wie bereits im Einleitungskapitel dargelegt, für die vorliegende Studie von entscheidender Bedeutung sind.

3.1 Qualitative Sozialforschung

Innerhalb der empirischen Sozialforschung haben sich zwei Forschungsstrategien herausgebildet. Je nach Fragestellung und Ziel des Forschungsvorhabens wird zwischen quantitativ-analytischen Verfahren und interpretativverstehenden, den so genannten qualitativen Methoden unterschieden (vgl. REUBER u. PFAFFENBACH 2005: 21). Während quantitative Sozialforschung stark auf die theoriegeleitete Erklärung der Realität durch das Aufdecken von Gesetzmäßigkeiten und deren intersubjektive Überprüfung durch Hypothesenbildung abzielt, liegt der Schwerpunkt der qualitativen Methoden auf dem Verstehen und Erkunden bislang wenig untersuchter und vorstrukturierter Forschungsgegenstände (vgl. LAMNEK 2005: 13; MEIER KRUKER u. RAUH 2005: 4).

Da das Hauptaugenmerk dieser Untersuchung auf dem Verstehen der Erfahrungen und Einschätzungen verschiedener Akteure auf dem indischen Markt für erneuerbare Energietechnologie liegt und bislang wenig wissenschaftliche Studien zu diesem Thema veröffentlicht worden sind, werden die Haupt- und Leitfragen ausschließlich mit Methoden der qualitativen Sozialforschung beantwortet. Außerdem bietet sich wegen der geringen Anzahl deutscher erneuerbarer Energietechnologieunternehmen in Indien und der sehr heterogenen Struktur eine qualitative Vorgehensweise an.

Vorrangige Ziele der qualitativen Sozialforschung sind es, die sozialräumliche Welt aus dem Blickwinkel der beteiligten Menschen zu rekonstruieren und den Sinn des Handelns der Akteure zu verstehen (vgl. REUBER u. PFAFFENBACH 2005: 114; MEIER KRUKER u. RAUH 2005: 23). Hieraus ergeben sich eine Reihe sehr allgemeiner Prinzipien, die für die Nachvollziehbarkeit qualitativer Forschung von Bedeutung sind, von denen hier einige kurz angesprochen werden.

Wie aus den Zielen deutlich wird, spielt das Verstehen eine wichtige Rolle im Forschungsprozess. Dabei bedeutet Verstehen so viel wie deutende Erfassung, wobei nicht objektive Sachverhalte die empirische Basis für die Forschung bilden, sondern die subjektive Deutung des Geschehens durch die Akteure. Wichtig ist es daher auch, dass verschiedene Perspektiven und Blickwinkel der beteiligten Menschen berücksichtigt werden und diese am Schluss der Studie im Rahmen der Resultate und Empfehlungen beachtet werden. Nicht nur die subjektiven Erfahrungen der Beforschten, sondern auch die der Forschenden werden als Teil des Erkenntnisprozesses angesehen und gelten daher, anders als bei der quantitativen Sozialforschung, nicht als Störfaktoren (vgl. MEIER KRUKER u. RAUH 2005: 15 ff.; REUBER u. PFAFFENBACH 2005: 108 u. 114).

Qualitative Forschung bietet sich besonders bei explorativen Untersuchungen mit kleiner Fallzahl an. Die Explorationsfunktion deutet darauf hin, dass bislang wenig vorstrukturiertes Wissen zum Gegenstand der Forschung vorliegt und eine Eingrenzung durch Hypothesenbildung und standardisierte Erhebungsinstrumente wenig sinnvoll erscheint. Somit ist das induktive Vorgehen bei qualitativen Studien vorherrschend, wo von Einzelfällen auf das Allgemeine geschlossen und die erfassbare Wirklichkeit als Ausgangspunkt genommen wird (vgl. HEINZE 2003: 27).

Das Prinzip der Offenheit gegenüber dem Untersuchungsgegenstand ist sowohl auf theoretischer als auch auf methodischer Ebene nötig, um unerwartete Informationen in den Forschungsprozess zu integrieren und ihn gegebenenfalls erweitern, modifizieren oder revidieren zu können (vlg. MAYRING 2002: 27 f.).

In diesem Zusammenhang ist es darüber hinaus wichtig, dass der Forschende flexibel auf neue Aspekte und Situationen im Verlauf der Untersuchung reagiert und diese in den Forschungsprozess aufnimmt (vgl. LAMNEK 2005: 25).

Weitere Kriterien der qualitativen Sozialforschung sind die fortlaufende Methodenkontrolle und die Offenlegung des Verlaufs der Forschung, wodurch die Ergebnisse nachvollziehbar und überprüfbar gemacht werden (vgl. ATTESLANDER 2008: 51).

Es wurde versucht, diese oben genannten zentralen Prinzipien der qualitativen Sozialforschung als methodologische Grundlage des Forschungsprozesses dieser Studie zu beachten.

Trotz der aktuellen Popularität des qualitativen Weges in der empirischen Sozialforschung wird vielfach kritisiert, dass das explorative Vorgehen keine statistisch repräsentativen Ergebnisse liefern kann. Darüber hinaus besteht das Problem, dass die traditionellen Gütekriterien Reliabilität (Verlässlichkeit), Objektivität und Validität (Gültigkeit) nicht in dem Maße eingehalten werden können wie bei quantitativen Verfahren (vgl. LAMNEK 2005: 142 ff.; DIEKMANN 2007: 543; ATTESLANDER 2008: 57). Innerhalb der Wissenschaft wird jedoch die Frage gestellt, ob diese Kriterien für den Erkenntnisgewinn der qualitativen Sozialforschung relevant sind oder ob es nicht sinnvoller ist, die sechs von MAYRING entworfenen alternativen Gütekriterien Verfahrensdokumentation, argumentative Interpretationsabsicherung, Regelgeleitetheit, Nähe zum Gegenstand, kommunikative Validierung und Triangulation zu verwenden (MAYRING 2002: 144 ff.).

3.2 Methodenauswahl und Forschungsablauf

Die qualitative Sozialforschung zeichnet sich durch eine große Vielfalt an Methoden aus, die je nach Fragestellung und Untersuchungsgegenstand ausgewählt werden. Dabei wird zwischen den Erhebungs- und den Auswertungsmethoden unterschieden. Zu den qualitativen Erhebungsmethoden zählen nach LAMNEK die teilnehmende Beobachtung, das qualitative Interview, die Gruppendiskussion und das qualitative Experiment (LAMNEK 2005). Die Auswertungsmethoden zeigen in der Literatur eine sehr große Varianz. Zu den wichtigsten gehören die objektive Hermeneutik, die psychoanalytische Textinterpretation, die Diskursanalyse und die phänomentologische Analyse. In der Literatur wird die qualitative Inhaltsanalyse teilweise zu den Erhebungs- teilweise auch zu den Auswertungsmethoden gezählt (vgl. MAYRING 2002; REUBER u. PFAFFENBACH 2005; BAADE/GERTEL/ SCHLOTTMANN 2005).

Wie bereits im vorherigen Abschnitt dargelegt, wurden zur Beantwortung der Haupt- und Leitfragen wegen der geringen Fallzahl, des explorativen Charakters der Untersuchung und der induktiven Vorgehensweise qualitative Methoden angewendet. Dabei standen zunächst die Sammlung und inhaltliche Auswertung von Primärquellen und grauer Literatur in Form von Internetseiten, Broschüren, Zeitungsartikeln und (teilweise) unveröffentlichten Studien im Vordergrund, um die Rahmenbedingungen und das aktuelle Engagement deutscher Technologiefirmen im Bereich erneuerbare Energien in Indien zu analysieren. Auch während der empirischen Untersuchungen und der schriftlichen Auswertung wurde die aktuelle Diskussion zum Thema erneuerbare Energien in Indien durch Newsletter verschiedener Organisationen wie der *Deutsch-Indischen Handelskammer* und der *Deutschen Energie-Agentur* verfolgt und in die Analyse aufgenommen.

Als weitere Erhebungsmethode ist das qualitative Interview gewählt worden, da hierdurch Einstellungen, Erfahrungen, Meinungen und Bewertungen der deutschen Unternehmen und der Experten im Bereich der erneuerbaren Energien in Indien zielgerichtet erhoben werden konnten (vgl. SCHNELL/HILL/ESSER 2005: 321). Unter einem Interview wird ein kommunikativer, durch gegenseitige Erwartung geprägter Prozess verstanden, bei dem durch Fragen verbale Reaktionen (Antworten) hervorgerufen werden (vgl. ATTESLANDER 2008: 101).

Aus der Vielzahl der in der Fachliteratur diskutierten qualitativen Interviewtechniken wurden zwei verschieden Arten angewendet. Zunächst wurden explorative Experteninterviews durchgeführt, auf deren Grundlage der Leitfaden für die stärker standardisierten, problemzentrierten Interviews mit den deutschen Firmen im Bereich erneuerbare Energietechnologie in Indien entwickelt wurde.

3.2.1 Experteninterviews

Experteninterviews werden zu den wenig strukturierten Interviewformen gezählt. Das bedeutet, dass die Gesprächsführung sehr flexibel ist und sowohl die Anordnung als auch die Formulierung der Fragen dem Befragten und der Gesprächssituation angepasst werden können. Dies stellt hohe Anforderungen an den Interviewer, der bereits über ein gewisses Maß an Fachwissen verfügen muss, um gegebenenfalls den Gesprächsfluss in Gang zu halten (vgl. ATTESLANDER 2008: 124).

Auf Grundlage der Kenntnisse des vorangegangenen Literaturstudiums wurden zunächst Vertreter von Institutionen bewusst ausgewählt. Dies ist bei qualitativen Forschungsansätzen möglich, da keine Repräsentativität, sondern Plausibilität der Untersuchungsergebnisse angestrebt wird (vgl. REUBER u. PFAFFENBACH 2005: 150). Zusätzlich zu der bewussten Auswahl der Befragten wurde das Schneeballverfahren angewendet, bei dem die Interviewpartner im Anschluss an ein Gespräch gebeten wurden, mögliche weitere Interviewpartner zu benennen (SCHNELL/HILL/ESSER 2005: 300). Dass gegen Ende der Erhebung immer wieder die bereits interviewten Personen und Organisationen genannt wurden, deutet darauf hin, dass die Einschätzungen eines Großteils der relevanten Akteure erhoben werden konnten.

Alle Personen, die für ein Experteninterview ausgesucht wurden, sind nach REUBER und PFAFFENBACH als Experten zu bezeichnen, weil sie professionell mit dem Thema erneuerbare Energien in Indien zu tun haben und daher oft einen guten Überblick über die Gesamtsituation geben können (vgl.

REUBER u. PFAFFENBACH 2005: 63). Bei den Gesprächspartnern handelt es sich um Vertreter zuständiger bundes- und nationalstaatlicher Ministerien, Mitarbeiter von Forschungsorganisationen, internationale Berater und Fachkräfte aus dem Bereich der Entwicklungszusammenarbeit sowie der Export- und Wirtschaftsförderung.[4]

Während der meisten Interviews wurde nach Zustimmung der Gesprächspartner ein Audioaufnahmegerät genutzt, wodurch in diesen Fällen die Fülle von Informationen für die Auswertung vollständig transkribiert werden konnte (vgl. LAMNEK 2005: 353). Da die inhaltlich-thematische Ebene im Vordergrund des Interesses stand, wurde auf eine wörtliche Transkription verzichtet und die Aufzeichnungen ins normale Schriftdeutsch bzw. -englisch übertragen. Dabei wurden lediglich Dialekte bereinigt und Satzbaufehler behoben, jedoch keine inhaltlichen Aspekte ausgelassen (vgl. MAYRING 2002: 91). Bestand die Vermutung, dass eine Audioaufzeichnung den Informationsgehalt des Interviews verringern könnte oder wurde eine Aufzeichnung abgelehnt, sind während der Befragung Stichpunkte gemacht worden. Diese sind direkt im Anschluss an das Interview zu einem Gedächtnisprotokoll zusammengefasst worden.

Als Interviewerstil wurde eine gelockerte Form des neutralen Interviews angestrebt, bei dem der Interviewer zwar Interesse an dem zeigt, was der Befragte sagt, ansonsten aber versucht, die Aussagen so wenig wie möglich zu beeinflussen (vgl. ATTESLANDER 2008: 128).

Da die Kommunikationsform beim explorativen Experteninterview wenig strukturiert und standardisiert ist, wurde bei den Interviews kein Fragebogen konstruiert, sondern lediglich ein Merkblatt mit wenigen stichwortartigen Fragen und möglichen Themenkomplexen verwendet. In einzelnen Fällen wurde auf Wunsch der Experten auch auf den Stichwortzettel verzichtet. Wegen der heterogenen Gruppe der Experten und der daraus resultierenden unterschiedlichen Verbindung zum Thema erneuerbare Energien in Indien konnte nur eine geringe Zahl von gleichen Fragen bei jedem der 13 Interviews gestellt werden, was die Vergleichbarkeit der Ergebnisse erschwert. Oft erga-

[4] Eine Liste der Interviewpartner mit einer kurzen Vorstellung der jeweiligen Institutionen befindet sich im Anhang.

ben sich neue Fragen und Themen direkt im Gespräch. Zu Beginn wurden sehr offene und allgemeine Fragen gestellt, um sich in den Interviewablauf einzugewöhnen und den Hintergrund der Experten besser einschätzen zu können. Wichtige Fragen wurden nach Möglichkeit im letzten Drittel des Interviews gestellt.

Insgesamt wurden 13 *face-to-face* Interviews durchgeführt, von denen sechs in deutscher Sprache und sieben auf Englisch abgehalten wurden. Fünf der Interviewpartner arbeiteten für indische Organisationen, während acht in deutschen Institutionen tätig waren. Die Interviews dauerten zwischen 20 und 80 Minuten und fanden im Arbeitsumfeld der jeweiligen Experten statt.

Gerade bei den sehr offen gehaltenen, explorativen Experteninterviews war es wichtig, die Befragung vor Ort durchzuführen, da Telefoninterviews durch das fehlende visuelle Element einen anonymeren Charakter erhalten und sensible Themen weniger zur Sprache kommen (vgl. LAMNEK 2005: 346).

Da das Experteninterview besonders dazu geeignet ist, einen Überblick über den Forschungsgegenstand zu erhalten und neue Perspektiven aufzudecken, wurden diese Interviews an den Anfang der Datenerhebung gestellt. Erst im Anschluss an das vorletzte Expertengespräch wurde mit den problemzentrierten Interviews der in Indien tätigen deutschen Firmen begonnen.

3.2.2 Problemzentrierte Interviews

Das problemzentrierte Interview zählt zu den teilstrukturierten, teilstandardisierten, offenen Befragungsformen. Es eignet sich für die Befragung der deutschen Firmen, da der Markt und die Rahmenbedingungen für erneuerbare Energien in Indien im Vorfeld analysiert wurden und somit spezifische Fragestellungen entwickelt werden konnten. Ein Vorteil der Teilstrukturierung ist, dass anhand eines vorab entworfenen Leitfadens Themen zielgerichtet angesprochen werden können. Dies erleichtert die Vergleichbarkeit der einzelnen Interviews (vgl. MAYRING 2002: 70; REUBER u. PFAFFENBACH 2005: 133 ff.). Trotzdem wird dem Befragten durch die Offenheit die Möglichkeit gegeben, die Länge und Gewichtung seiner Antworten entsprechend seiner Relevanzstruktur und Erfahrungshintergründe zu bestimmen. Außerdem kann der Interviewer die Reihenfolge und genaue Formulierung der Fragen an die

Interviewsituation anpassen, um den Gesprächsfluss aufrecht zu erhalten (vgl. SCHNELL/HILL/ESSER 2005).

Die Grundgesamtheit, für die die Aussagen der Untersuchung gelten sollen, wird definiert als Anzahl der deutschen Firmen aus dem Bereich der erneuerbaren Energietechnologie, die in Form eines Vertriebsbüros, eines *Joint Ventures* oder einer Tochtergesellschaft in Indien derzeit tätig sind oder bereits in Verhandlungen vor Ort stehen, um in den nächsten zwei Jahren in einer der drei genannten Formen in Indien tätig zu werden. Die genaue Anzahl der Elemente der Grundgesamtheit bleibt ohne Gewähr, da keine Institution über vollständige Angaben aller Teilbranchen verfügt. Es wurde versucht, zunächst die exakte Anzahl der Unternehmen zu ermitteln. Die Grundlage bildete eine unvollständige Liste der *Deutsch-Indischen Handelskammer*, die durch Angaben der einzelnen Bundesverbände der Teilbranchen und des *Bundesverbandes Erneuerbare Energie* sowie der *Deutschen Energie-Agentur* (DENA) vervollständigt wurde. Dadurch konnten elf Unternehmen identifiziert werden, von denen acht bereits in Indien aktiv sind und drei einen Einstieg in Kürze planen. Aufgrund der geringen Zahl wurde für die problemzentrierten Interviews eine Vollerhebung angestrebt. Zehn der elf Unternehmen erklärten sich zu einer Befragung bereit. Bei zwei Unternehmen wurden indische Führungskräfte befragt, ansonsten handelte es sich bei den Gesprächspartnern um deutsche Angestellte, die für den Bereich Asien/Indien/Ausland zuständig sind. Es wurde angestrebt, die Interviews *face-to-face* durchzuführen, da hierdurch die Möglichkeit steigt, sensible Informationen über die Strategien und Erfahrungen der Unternehmen zu erhalten. Aus technischen, terminlichen und Kostengründen mussten fünf Unternehmen telefonisch befragt werden. In zwei Fällen wurden auf Wunsch der Unternehmen die ausformulierten Fragen des Leitfadens schriftlich beantwortet.

Durch das Literaturstudium und die Expertenbefragung bestand bereits ein gewisses Maß an Vorwissen und implizit entwickelten Ideen und Gedanken zu den Erfahrungen und Einschätzungen der deutschen Firmen in Indien, sodass der Leitfaden in drei große Themenkomplexe unterteilt werden konnte. Der erste Komplex beinhaltete unternehmensspezifische Fragen mit den Unterpunkten Basisdaten, Bedingungen in Indien bei Niederlassungsgründung sowie Einschätzung des Marktes und des Engagements der Unternehmen in Indien. Im zweiten Block wurden Fragen zur derzeitigen und zukünftigen Situation der erneuerbaren Energietechnologien in Indien gestellt. Erfolgsfaktoren für deutsche Unternehmen im Bereich der erneuerbaren Energietechnologie wurden im dritten Themenkomplex angesprochen.

Wie bei den Experteninterviews wurden die problemzentrierten Interviews auf Tonband aufgezeichnet und ins Schriftdeutsch bzw. –englisch transkribiert. War ein Audiomitschnitt nicht möglich, wurde auf der Grundlage der mitgeschriebenen Notizen ein Gedächtnisprotokoll erstellt. Es wurde ebenfalls wieder eine gelockerte Form des neutralen Interviewstils gewählt.

Die Erhebung der Daten hat zwischen Mitte März und Ende November 2008 in Deutschland und Indien stattgefunden. Elf der dreizehn Experteninterviews und ein problemzentriertes Interview wurden während eines vierwöchigen Forschungsaufenthaltes in Delhi, Mumbai und Pune durchgeführt.

3.2.3 Qualitative Inhaltsanalyse

Als Auswertungsverfahren der erhobenen Daten wurde bei beiden Interviewtypen die Methode der qualitativen Inhaltsanalyse angewendet. Dabei wurde das Material in Einheiten zerlegt und schrittweise analysiert. Nach einer ersten Zusammenfassung der wesentlichen Inhalte wurden Themenschwerpunkte entwickelt, die aus dem Material herausgefiltert und analysiert werden sollten. Bei unklaren Aussagen wurde nach dem Prinzip der Explikation zusätzliches Material herangezogen (vgl. MEIER KRUKER u. RAUH 2005: 80; MAYRING 2002: 115 ff.; LAMNEK 2005: 405).

Da der Ablauf bei qualitativen Forschungen weniger schematisch ist als bei quantitativen (vgl. ATTESLANDER 2005: 45), wurde in diesem Kapitel auf die genau Beschreibung und Darstellung der Datenerhebung Wert gelegt, um die Nachprüfbarkeit zu erhöhen.

3.3 Reflexion des Forschungsverlaufs

Im Verlauf des Forschungsprozesses traten, teils bedingt durch die gewählten Methoden, teils durch externe Einflüsse, eine Reihe von Schwierigkeiten auf, die bei der Interpretation der Ergebnisse berücksichtigt werden müssen.

Da es sich bei den qualitativen Interviews um reaktive Methoden handelt, bei denen nicht nur die gestellte Frage Einfluss auf die Antwort hat, sondern auch die Interviewsituation, Interviewereinflüsse, Fragereiheneffekte oder soziale Erwünschtheit, ist es möglich, dass die Antworten verzerrt wurden (vgl. DIEKMANN 2005: 544).

Bei den problemzentrierten Interviews konnte die angestrebte Vollerhebung nicht erreicht werden. Die geringe Ausfallquote von lediglich 9,1% zeigt aber, dass das Interesse von Seiten der Firmen an dem Thema sehr hoch ist.

Außerdem konnte die Form der Durchführung bei den problemzentrierten Interviews nicht immer eingehalten werden, was die Vergleichbarkeit der einzelnen Befragungen einschränkt. Dennoch hat sich gezeigt, dass sich die Telefoninterviews sowohl in der Länge als auch in der Qualität der Informationen wenig von den *face-to-face* Interviews unterscheiden. Nur die schriftlichen Beantwortungen des Leitfadens weisen erhebliche Unterschiede in Qualität und Quantität der Informationen im Vergleich zu den übrigen Interviews auf und wurden daher nur bedingt in die Auswertung mit aufgenommen.

Es ist zu vermuten, dass besonders bei den Experteninterviews mit indischen Organisationen, die dem Staat angehören, die Antworten der Interviewten von einer großen Loyalität gegenüber der Regierung geprägt waren, was eine kritische Reflexion des Themas verhinderte. Generell spiegelt sich dies in der sehr kurzen Interviewdauer und der überaus positiven Darstellung der Situation der erneuerbaren Energien in Indien wider. Eventuell könnten auch die kulturellen Unterschiede zwischen den Befragten und dem Interviewer dazu beigetragen haben, dass es dem Interviewer nicht gelungen ist, eine ausreichende Vertrauensbasis aufzubauen, sodass sensible Informationen nicht mitgeteilt wurden.

Nicht immer wurden die Personen vom Interviewer direkt als Experten angeschrieben, vielmehr wurde eine allgemeine Anfrage an Institutionen im Themengebiet erneuerbare Energien in Indien gestellt. Daraufhin wurde institutionenintern ein Ansprechpartner vorgeschlagen, der allerdings nicht in allen Fällen über genaues Fachwissen zum Themengebiet verfügte.

Dadurch, dass nur eine Person die erhobenen Daten ausgewertet hat, besteht die Möglichkeit, dass eine Diskrepanz zwischen dem besteht, was der Befragte gemeint hat, und dem, wie es der Forscher interpretiert hat.

Insgesamt konnten interessante und vielschichtige Informationen durch die beiden gewählten Interviewformen erhoben werden. Beide Formen stellten sich unter der Berücksichtigung der genannten Schwächen als effektiv heraus. Auch der Leitfaden für die problemzentrierten Interviews erwies sich als geeignet, sodass er während der Erhebungsphase kaum angepasst werden musste.

4 Das Untersuchungsgebiet Indien

Das folgende Kapitel dient der Einführung in den regionsbezogenen Hauptteil der Studie. Dabei wird das Untersuchungsgebiet Indien vorgestellt und mit seinen Merkmalen, die für die Entwicklung eines internationalen Marktes für erneuerbare Energien von Bedeutung sind, charakterisiert. Nach einer allgemeinen Einführung in die Landeskunde des indischen Subkontinentes, werden die natürlichen, politischen, wirtschaftlichen und gesellschaftlichen Rahmenbedingungen für erneuerbare Energien erläutert. Es ist wichtig, die spezifische Struktur und die Ressourcen des Subkontinentes vorzustellen, um auf die wichtigsten Daten im Laufe der weiteren Untersuchung zurückgreifen zu können.

Am Ende des Kapitels erfolgt ein kurzer Überblick über die Entwicklung der deutsch-indischen Handelsbeziehungen, der die Verbindung zu den deutschen Unternehmen als wichtige Analyseeinheit dieser Studie herstellen soll.

4.1 Kurzportrait Indien

Indien ist eines der vielfältigsten und differenziertesten Länder der Erde. Sowohl hinsichtlich der naturräumlichen als auch der wirtschaftlichen, gesellschaftlichen und politischen Gegebenheiten weist das Land große regionale und strukturelle Unterschiede auf.

Indien bildet den größten Teil des südasiatischen Subkontinents, den das Faltengebirge des Himalaya im Norden, der Hindukusch im Westen und die burmesischen Randketten im Osten deutlich gegen das übrige Asien abgrenzt. Das mit 3.288.000 km^2 Landesfläche siebtgrößte Land der Erde wird geologisch in drei Großeinheiten aufgeteilt. Im Süden befindet sich die Scholle der Deccan-Halbinsel, die aus dem zentralindischen Bergland im Norden, den Gebieten der archaischen Gesteine im Süden und Osten sowie den ausgedehnten Lavadecken im Westen besteht. Die zweite Großeinheit bildet die nordindische Alluvialebene mit den Flüssen Indus, Ganga und Bramaputra. Nach Norden anschließend folgt die dritte geologische Großeinheit Indiens, der Hochgebirgsgürtel des Himalaya-Systems (vgl. STANG 2002: 1 ff.).

Wichtige Einflussfaktoren für das Klima sind die Lage des Landes in den Tropen und Subtropen, seine Ausdehnung, sein Relief und die umgebenden Meeresmassen des Arabischen Meeres im Westen und des Golf von Bengalen im Osten. Während Trockenräume den Westen prägen, gehört der Nordosten zu den niederschlagsreichsten Gebieten der Erde. Das Hochgebirgsklima im Norden steht dem tropischen Klima der Westküste gegenüber (vgl. WAMSER u. SÜRKEN 2005: 61). Insgesamt wird Indiens Klima auch als „Monsunklima" (arab. *mausim* = Jahreszeit) klassifiziert, worunter die Beeinflussung der Jahreszeiten durch die sich halbjährlich wechselnden Windrichtungen und damit verbundenen Niederschläge verstanden werden. Je nach Region bringt der Südwest-Monsun zwischen Juni und September 75% bis 90% des jährlichen Niederschlags mit sich (vgl. BRONGER 1996: 58).

Am 15.08.1947 erlangte Indien nach knapp 200 Jahren britischer Vorherrschaft seine Unabhängigkeit. Gleichzeitig wurde die britische Kolonie in den säkularen Staat Indien und den muslimisch geprägten Staat West- und Ostpakistan (heute Pakistan und Bangladesh) aufgeteilt (vgl. STANG 2002: 56).

Indien ist eine parlamentarisch-demokratische Republik nach britischem Vorbild. Das Parlament besteht aus zwei Kammern: dem Unterhaus (*Lok Sabha*), dessen Abgeordnete direkt von der Bevölkerung in den einzelnen Wahlkreisen gewählt werden und dem Oberhaus (*Rajya Sabha*), der Vertretung der Länder. Das Staatsoberhaupt der Republik ist der Präsident, der wie in Deutschland eine überwiegend repräsentative Position innehat. Die Regierungsgeschäfte werden vom Premierminister und seinen Ministern geführt. Die Zentralregierung hat ihren Sitz in Neu Delhi, der Hauptstadt des Landes (vgl. WAMSER u. SÜRKEN 2005: 42).

Der regionalen Vielfalt wird in der indischen Verfassung durch eine föderale Struktur Rechnung getragen. Der Staat gliedert sich in 28 Bundesstaaten mit direkt gewählten Parlamenten sowie sieben von der Zentralregierung verwalteten Unionsterritorien. Den Regierungen der einzelnen Bundesstaaten sind Teile sowohl der gesetzgebenden als auch der exekutiven Kompetenz zugeordnet (vgl. STANG 2002: 76 ff.).

Die wirtschaftlichen Gegebenheiten waren in der über 60jährigen Geschichte Indiens großen Veränderungen unterworfen. Oberste Ziele der Wirtschaftspolitik nach der Unabhängigkeit waren eine eigenständige wirtschaftliche und soziale Entwicklung und die Bekämpfung der Massenarmut. Einigkeit unter den Politikern bestand darin, dass der Staat eine aktive Rolle im Wirtschaftsgeschehen, insbesondere bei der Industrialisierung, zu übernehmen habe. Es entstand der indische Weg der *mixed economy*, die plan- und marktwirtschaftliche Elemente miteinander verband. Die Industrie wurde in drei Bereiche aufgeteilt. Im vollen Staatseigentum befanden sich Sektoren, die eng mit der nationalen Sicherheit und Stabilität verbunden waren, wie die Schwerindustrie, Elektrizität und Atomenergie. Der zweite Sektor umfasste Industriezweige, in denen auch die Privatindustrie investieren konnte, wie beispielsweise die chemische Industrie. Im dritten Bereich, der Klein- und Mittelindustrie zur Herstellung von Konsumgütern, lag der Schwerpunkt bei der Privatwirtschaft (vgl. MÜLLER 2006: 60 f.). Die wirtschaftliche Entwicklung Indiens wurde und wird bis heute durch „Fünfjahrespläne" gesteuert.

Die Strategie des *self-reliance* und die Abschottung vom Weltmarkt führten, bedingt durch den fehlenden Wettbewerb, im Laufe der Jahre zu international nicht wettbewerbsfähigen Produktionsstrukturen, einer geringen Qualität der Produkte und einer niedrigen Produktivität (vgl. WAMSER u. SÜRKEN 2005: 23).

Als sich 1991 eine Zahlungsbilanzkrise zuspitzte, kam es unter dem damaligen Premierminister RAO zu einem grundlegenden Kurswechsel, der auf eine Hinwendung zur Marktwirtschaft zielte. Bereits in den 1980er Jahren gab es Ansätze einer Liberalisierung und Deregulierung der Wirtschaft, die im Zuge der Reformen seit Anfang der 1990er Jahre massiv verstärkt werden.

Während das Bruttoinlandsproduktwachstum in den ersten vier Jahrzehnten seit der Unabhängigkeit nicht über 3,5% (*Hindu-Wachstumsrate*) gesteigert werden konnte, werden seit 1991 Wachstumsraten von 6 bis 9,4% erzielt. Indien zählt mit einem BIP-Wachstum von 9,4% im Geschäftsjahr 2006/07 zu den weltweit am schnellsten wachsenden Volkswirtschaften. Hinter dem durchschnittlichen jährlichen Prokopfeinkommen von 978 US-$ im Jahr 2007 verbergen sich große regionale Unterschiede (vgl. BFAI 2008). Besonders stark wachsen die Disparitäten zwischen einer sich herausbildenden städtischen Mittelschicht und der überwiegend armen Bevölkerung auf dem Lande, wo ca. 70% der Inder leben. Etwa ein Viertel der Gesamtbevölkerung lebt unterhalb der Armutsgrenze von 1 US-$ pro Kopf/Tag (vgl. CIA 2008).

Die Wirtschaftsstruktur des Landes spiegelt die besondere Bedeutung der Landwirtschaft wider. Der primäre Sektor trägt mit 20% zum Gesamtergebnis des BIP für das Fiskaljahr 2006/07 bei, dennoch beziehen 60% der indischen Bevölkerung ihr Einkommen aus der Landwirtschaft. Der Beitrag des Industriesektors zum BIP liegt bei 27,1%, lediglich 12% der Erwerbsbevölkerung sind im sekundären Sektor beschäftigt. Die traditionell große Bedeutung des Dienstleistungssektors wird durch den Beitrag von 52,4% zum BIP deutlich, Tendenz steigend. Der tertiäre Sektor trägt mit 28% zur Struktur der Erwerbsbevölkerung bei (vgl. ebd.). Er ist auch der Motor der indischen Wirtschaft. Die Ausnutzung moderner Kommunikationstechniken, die unabhängig von der oft schlechten Infrastruktur sind, ein großer Mitarbeiter- und Wissensinput und der relativ geringe Kapitalaufwand sind Eckpfeiler des Erfolgs des Dienstleistungssektors (vgl. PILNY 2006: 45).

Besonders durch das Wachstum im Bereich der Softwareindustrie, des *IT-Outsourcing* sowie des *Business Process Outsourcing* ist das Image Indiens international verbessert worden. Zu den wichtigsten Industrien zählen neben der Pharmaindustrie die Chemie- und Biotechnologie sowie die Textilindustrie.

Im Jahr 2006 betrug Indiens Anteil an der globalen Wirtschaftsleistung 2%. Das Zukunftspotenzial des indischen Binnenmarktes hat im Wirtschaftsjahr 2006/7 bei den ausländischen Direktinvestitionen zu einem Zufluss in Höhe von 16 Mrd. US-$ geführt, was nahezu eine Verdreifachung des Vorjahreswertes (5,5 Mrd. US-$) bedeutet (vgl. AUSWÄRTIGES AMT 2007).

Die indische Wirtschaftsstruktur hat sich seit den Reformen auch in Bezug auf den Export- und Importanteil am BIP verändert. Lag der Exportanteil aufgrund der *self-reliance*-Strategie der Regierung 1990 noch bei 10%, so stieg er bis zum Jahr 2005/06 auf 19%. Während zuvor landwirtschaftliche Produkte und Nahrungsmittel den weitaus größten Teil der Exporte ausmachten, stellen heute technologisch hochwertige, industrielle Exporte drei Viertel aller indischen Ausfuhren. Besonders hohe Wachstumsraten haben elektronische und pharmazeutische Produkte sowie Fahrzeuge zu verzeichnen. Noch stärker als die Exporte sind aber die Importe gestiegen. Sie haben einen Anteil von 21% am BIP. Damit weist Indien noch immer eine negative Außenhandelsbilanz auf. Das wirtschaftliche Wachstum hat zu einem erhöhten Bedarf an Öl geführt, das seit der Jahrtausendwende einen Anteil von 30% an den Importen hat (vgl. CHAI u. ROY 2006: 124f.).

Starke Gegensätze zwischen modernster Technologie und global agierenden Unternehmen auf der einen und Subsistenzlandwirtschaft mit handwerklichen, oft veralterten Produktionsmethoden oder den Elendsquartieren der Wanderarbeiter auf der anderen Seite prägen weiterhin das wirtschaftliche Erscheinungsbild des Landes (vgl. AUSWÄRTIGES AMT 2007).

Die Bevölkerung Indiens beträgt Schätzungen zu Folge 1,13 Mrd. Menschen, womit Indien hinter China das zweitbevölkerungsreichste Land der Erde ist. Ein Wert von durchschnittlich 340 Personen pro km^2 sagt bei der Größe des Landes und der Differenziertheit der ökologischen Gegebenheiten wenig über die tatsächliche Besiedlungsdichte aus. Besonders die nordindische Tiefebene weist aufgrund der agrarischen Gunstfaktoren eine hohe Dichte auf. Der Verstädterungsgrad landesweit beträgt 30% (vgl. BFAI 2008; ALEX, KNIPP u. RODEWALD 2006: 5). Mit einem Durchschnittsalter von 25 Jahren und einer Lebenserwartung von 68 Jahren ist das Land durch eine sehr junge Bevölkerungsstruktur gekennzeichnet. Die Analphabetenrate beträgt 39% (vgl. CIA 2008).

Eine wichtige Komponente der Sozialstruktur ist die Religion. Die große Mehrheit der Bevölkerung (80%) gehört dem Hinduismus mit seinem bis heute prägenden Kastenwesen an. Neben dem Hinduismus sind auch der Buddhismus (0,8 % der Bevölkerung), der Sikkismus (1,9%) und der Jainismus (0,4%) in Indien gegründet worden. Der Anteil der muslimischen Bevölkerung beträgt 13,4%. 2,3% der Inder sind Christen (vgl. CIA 2008, MÜLLER 2006: 139 f.).

Mit rund 1.650 Sprachen und Dialekten weist Indien eine ausgeprägte Sprachenvielfalt auf. Durch die Kolonialzeit der Briten ist Englisch zur Amtssprache geworden. 15 Regionalsprachen sind darüber hinaus offiziell anerkannt. Besonders im Norden und in Zentralindien ist Hindi die am weitesten verbreitete Sprache, die von insgesamt ca. 45% der Inder gesprochen wird. Die eigentliche Verkehrssprache, die sowohl im Süden als auch im Norden akzeptiert wird, ist Englisch (vgl. ALEX, KNIPP u. RODEWALD 2006: 7).

4.2 Rahmenbedingungen für erneuerbare Energien

Ein wichtiger Entscheidungsfaktor zur Erschließung eines neuen Marktes sind Kenntnisse über allgemeine und branchenbezogene Rahmenbedingungen des Landes. Während sich eine wachsende Zahl an Management-Handbüchern mit den grundlegenden Gegebenheiten in Indien aus Unternehmenssicht befasst, werden Daten und Fakten zu erneuerbaren Energien in Indien primär von Wissenschaftsinstituten und politischen Organisationen veröffentlicht. Ziel des Kapitels 4.2 ist es, beide Richtungen zu vereinen und einen Überblick über die Rahmenbedingungen der erneuerbaren Energien in Indien unter Berücksichtigung der Interessen deutscher Unternehmen zu geben.

Trotz der Wahl der nationalen Ebene als Maßstab für die Untersuchungen der Studie wird bei mehreren Aspekten auf Landesebene zurückgegriffen, um Besonderheiten und Beispiele zu diskutieren. Ebenso wird an manchen Stellen eine Differenzierung nach Teilbranchen der erneuerbaren Energietechnologie vorgenommen, um der Komplexität der Branche gerecht zu werden.

In den folgenden vier Unterkapiteln werden die natürlichen, politischen, wirtschaftlichen und gesellschaftlichen Rahmenbedingungen für erneuerbare Energien in Indien dargestellt.

4.2.1 Natürliche Rahmenbedingungen

Indiens geographische Lage zwischen dem 8. und 37. Breitengrad, die verschiedenen klimatischen Gegebenheiten, das Relief und die Böden bieten insgesamt große Potenziale für die Nutzung der unterschiedlichen Formen der erneuerbaren Energien.

Genaue Angaben zu den natürlichen Potenzialen der einzelnen Teilbranchen werden für fünf verschiedene Formen der erneuerbaren Energien veröffentlicht (vgl. Abbildung 3). Bislang liegen für das Potenzial der Gezeitenenergie noch keine offiziellen Angaben über Kapazität und Standorte vor.

Abbildung 3: Potenziale verschiedener Formen der erneuerbaren Energien in Indien

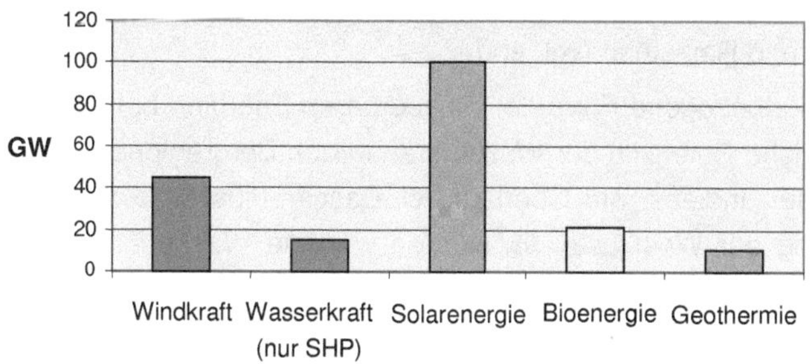

Quelle: eigene Darstellung nach MNRE 2008b; ALEX, KNIPP u. RODEWALD 2006; CHANDRASEKHARAM 2000

Bedingt durch den stetig wehenden Südwestmonsun im Sommer und Herbst sowie den Nordostpassat (Nordostmonsun) im Winter und Frühjahr herrschen in weiten Teilen Indiens ganzjährig beständige Windverhältnisse.

Aufgrund der vielfältigen politischen Förderung der Windkraft liegen sehr genaue Daten zu den natürlichen Potenzialen der Branche vor. Zusammen mit dem *Centre for Wind Energy Technology* (C-WET) hat das MNRE d*as Wind Recource Assessment Program* gestartet, das an 1.050 Stationen in 25 Staaten Windmessungen durchführt. Bis zum 31.3.2007 sind 216 Stationen ausgewiesen worden, an denen die Windgeschwindigkeit in 50 m Höhe einen Wert von 200W/m^2 erreicht, der für die Etablierung von Windparks in Indien als Schwellenwert gilt (vgl. MNRE 2008b: 40). Insgesamt wird das theoretische Windpotenzial zur Stromerzeugung *onshore* auf rund 45 GW beziffert. Da die Standorte aber vielfach in geschützten Waldgebieten und infrastrukturell schwer zugänglichen Regionen weit ab des öffentlichen Netzes liegen, beträgt das technische Potenzial derzeit nur rund 12,875 GW (vgl. InWEA 2008). Genaue Analysen zu den *offshore* Rahmenbedingungen im Golf von Bengalen und dem Arabischen Meer sind derzeit in Vorbereitung. Gute Windpotenziale werden vor allem entlang der Westküste bescheinigt. Die Höhenzüge der Westghats in Maharashtra und die südlichen Nilgiriberge im Bundesstaat Tamil Nadu an der Südspitze des Subkontinentes bieten die günstigsten Bedingungen für die Etablierung von Windparks. Größere ausgewiesene Standorte für Windkraftanlagen befinden sich auch in Gujarat, Kerala, Karnataka, Orissa sowie an Binnenstandorten in Madhya Pradesh, Andhra Pradesh, und Rajasthan (vgl. ebd.).

Als weitere standortbezogene Form der erneuerbaren Energien befindet sich das größte natürliche Potenzial der Wasserkraft in den Bergregionen des Himalayas im Norden Indiens, am Oberlauf der Deccan-Flüsse sowie in den Westghats entlang der Westküste. Im Norden wird die Wasserführung der Flüsse sowohl von der Schneeschmelze als auch von den starken Monsunregenfällen in den Sommermonaten geprägt. Aufgrund der jahreszeitlichen Wasserschwankungen sind in allen Regionen Staumaßnahmen notwendig (vgl. STANG 2002: 226). Das natürliche Potenzial der Kleinwasserkraft(anlagen) (*Small Hydro Power*, SHP) wird landesweit auf 15 GW geschätzt. Das MNRE hat 5.403 Standorte mit einer Gesamtkapazität von 14,294 GW ausgewiesen, von denen bislang rund 2 GW erschlossen wurden. Die größten technischen und wirtschaftlichen Potenziale aufgrund der ausgewiesenen Standorte und Kapazitäten liegen in den nördlichen Bundesstaaten Himachal Pradesh, Jammu & Kashmir, Uttaranchal sowie in den westlichen Bundesstaaten Maharashtra und Karnataka (vgl. MNRE 2008b: 49 ff.).

Aufgrund der klimatischen Verhältnisse und der geographischen Lage Indiens erzielt die tägliche Sonneneinstrahlungsintensität, ausgenommen der Zeit des regenbringenden Südwestmonsuns, in weiten Regionen hohe Werte. Landesweit wird eine tägliche durchschnittliche Sonneneinstrahlung von 5 kW/m^2 und eine jährliche Sonneneinstrahlungsdauer zwischen 2.300 und 3.200 Stunden erreicht (vgl. DENA 2007: 46).[5] Regionen mit besonders hoher Sonneneinstrahlung von über 5,8 kW/m^2 befinden sich an der Südspitze Indiens sowie in den Wüstengebieten im Nordwesten des Landes (siehe auch Karte 2; Anlage 2.3) (vgl. MNES o.J.: 20). Wegen der ubiquitären Verfügbarkeit eignet sich die Solarenergie so gut wie keine andere Sparte der erneuerbaren Energien zur Stromerzeugung und thermischen Nutzung im Rahmen der dezentralen Energieversorgung. In diesem Zusammenhang schätzt das MNRE das natürliche Potenzial für Photovoltaikanlagen auf 20 MW/km^2 und das Po-

---

[5] In Deutschland werden Werte zwischen 1.000 und 2.000 Stunden p.a. gemessen (vgl. BMU o.J.).

tenzial der solarthermischen Warmwassererzeugung auf 140 Mio. m^2 Kollektorfläche (vgl. SINGH 2007: 18).

Ebenfalls sehr gute natürliche Rahmenbedingungen bietet der indische Subkontinent für die Sparte der Bioenergie. Ausgenommen der Gebirgs- und Wüstenböden im Norden und Nordwesten des Landes bieten die Bodentypen, besonders die fruchtbaren Alluvialböden, die mit 43 % den größten Anteil landesweit haben, und die Regurböden gute Bedingungen für die agrarische Nutzung. Das subtropische Klima in weiten Landesteilen ermöglicht mit Hilfe der Bewässerung in den Wintermonaten aufgrund der ganzjährig hohen Temperaturen zwei Ernten pro Jahr (vgl. STANG 2002: 21 u.26 f.). Das natürliche Potenzial an Biomasse, zu dem Reststoffe aus Landwirtschaft, Forstwirtschaft und Plantagenwirtschaft gezählt werden, wird auf über 540 Mio. Tonnen p.a. veranschlagt. Als wichtigste Ausgangsprodukte für Bioenergie sind in Indien Reststoffe aus Reis, Getreide, Bagasse, Zuckerrohr und -blättern, Erdnussschalen sowie Baumwoll- und Ackersenfstängel zu nennen. Wegen der Nutzung der Reststoffe als Viehfutter sowie zum Kochen und Heizen stehen zur Elektrizitätserzeugung nur 25 bis 30% zur Verfügung, was etwas mehr als 16 GW entspricht. Unter der Voraussetzung der Modernisierung der Zuckermühlen könnten weitere 5 GW zur Stromerzeugung aus Bagasse zum natürlichen Potenzial hinzugefügt werden (vgl. MNRE 2008b: 44 f.). Wie die Solarenergie ist auch die Biomasse weitgehend flächendeckend verfügbar, muss allerdings zu den verschiedenen Arten von Bioenergieanlagen transportiert werden.

Gute natürliche Rahmenbedingungen zur Nutzung der Geothermie, der Wärme im Erdinneren, die durch den radioaktiven Zerfall entsteht, herrschen in Indien an Orten vor, die durch Gebirgsfaltung wie dem Himalaya, eine Grabenstruktur an Flüssen wie dem Narmada oder Godavari und andere Verwerfungslinien geprägt sind (siehe auch Karte 3; Anlage 2.3) (vgl. CHANDRASEKHARAM 2000). Das natürliche Potenzial wird auf 10,600 GW und 340 heiße Quellen geschätzt (vgl. DENA 2007: 58). Die meisten Quellen sind zur direkten Wärmeerzeugung nutzbar, während nur wenige der Stromerzeugung dienen können. Bislang beschränkt sich die Nutzung der Geothermie auf einzelne Demonstrationsprojekte (vgl. MNRE 2008b: 74).

Derzeit unterstützt das MNRE viele Forschungsprogramme zur genauen Analyse der Bedingungen für die Nutzung der Gezeitenenergie in Indien. Günstige natürliche Rahmenbedingungen werden für den Golf von Kuchch und den Golf von Cambay im Bundesstaat Gujarat und das Gangesdelta in Westbengalen vermutet, wo das erste Demonstrationsprojekt zur Stromerzeugung angelaufen ist (ebd: 75).

Insgesamt bleibt festzuhalten, dass in allen Sparten große Unterschiede zwischen den natürlichen bzw. theoretischen Potenzialen sowie den technisch und wirtschaftlich nutzbaren Potenzialen bestehen. Außerdem laufen in allen Sparten weiterhin Forschungsprogramme, die immer genauere Daten zu den natürlichen Nutzungsmöglichkeiten liefern.

4.2.2 Politische Rahmenbedingungen

Die politischen Rahmenbedingungen haben einen entscheidenden Anteil an der Nutzung und Entwicklung der erneuerbaren Energien in Indien. Dabei spielen sowohl bundes- als auch landespolitische Akteure eine bedeutende Rolle.

Die indische Regierung misst der Energiepolitik einen wichtigen Stellenwert bei, da das derzeitige Energiedefizit das Wirtschaftswachstum und die Verbesserung der Lebensbedingungen der Bevölkerung behindert. Während von politischer Seite alle Energieträger zur Deckung der steigenden Energienachfrage gefördert werden, kommt den erneuerbaren Energien aus mehreren Gründen eine besondere Bedeutung zu. Zunächst ist die Regierung in Neu Delhi bemüht, einen möglichst großen Anteil am Energiebedarf aus eigenen Quellen zu decken, um von Importen möglichst unabhängig zu sein und eine Belastung der Außenhandelsbilanz zu vermeiden (vgl. BFAI 2007b). Wegen des enormen Potenzials an erneuerbaren Energien, das je nach Branche im ganzen Land verfügbar ist, wird bei der Energieversorgung der ländlichen Gebiete, die nicht wirtschaftlich rentable an das öffentliche Stromnetz angeschlossen werden können, auf dezentrale Lösungen mit erneuerbaren Energietechnologien gesetzt. Politisch verankert wird dies in der *Rural Electrification Policy* von 2006, die die Elektrifizierung aller 25.000 Dörfer, die bislang noch keinen Zugang zur Stromversorgung haben, bis 2009 und die Elektrifizierung aller Haushalte bis 2012 vorsieht (vgl. SINGH 2007: 17). Ein weiterer, wenn auch untergeordneter Grund für den Stellenwert der erneuerbaren Energien in der Politik, ist der Beitrag zum Klimaschutz. 2002 hat Indien das Kyoto-Protokoll ratifiziert und 2003 die für die *Clean Development Mechanism*-Projekte (CDM) erforderliche *Designated National Authority* (DNA) gegründet. Damit tritt auch Indien als Akteur der supranationalen Ebene des Umweltschutzes auf, auch wenn das Land derzeit noch nicht bereit ist, verbindlichen Reduktionszielen von umweltschädlichen Stoffen wie CO_2 zuzustimmen. Gerade für ausländische Unternehmen können die erzeugten Emissionszertifikate (*Certified Emission Reduction*) aus CDM-Projekten als Ergänzung zur Projektfinanzierung interessant werden (vgl. DENA 2007: 35 f.).

Indien ist bislang das einzige Land, welches ein eigenes *Bundesministerium für Neue und Erneuerbare Energien* (MNRE) eingerichtet hat, was den Stellenwert der erneuerbaren Energien in der Politik unterstreicht. Ihm untersteht die *Indian Renewable Energy Development Agency* (IREDA), die als öffentliche Finanzinstitution günstige Kredite für erneuerbare Energieprojekte bereitstellt und die Finanzierung verschiedener Forschungsförderprogramme unterstützt (vgl. IREDA o.J.).

Den Anfang der Politik für erneuerbare Energien markiert das vor über 25 Jahren gegründete *Department of Non-Conventional Energy Sources.* Wichtige Meilensteine in der Entwicklung der Rahmenbedingungen für erneuerbare Energien sind in Tabelle 1 zusammengefasst. Als entscheidender Schritt für die Entwicklung des Marktes für erneuerbare Energietechnologie ist der *Electricity Act* von 2003 zu nennen. Ein zentraler Punkt ist die *Open Access-Policy*, wonach Stromproduzenten seitdem freien Zugang zum Verteilungsnetz haben. Außerdem ist der Betrieb von Eigenstromanlagen nicht nur industriellen und gewerblichen Verbrauchern, sondern auch Genossenschaften, Gemeinden und Vereinen erlaubt. Des Weiteren wurde der Zwang aufgehoben, dass Stromproduzenten ihren Strom nur an die *State Electricity Boards* (SEBs) verkaufen dürfen, die viel zu geringe Preise zahlten. Es können seither direkte Verträge mit privaten Abnehmern geschlossen werden. Darüber hinaus wurden viele Genehmigungsverfahren für Projekte in den einzelnen Sparten der erneuerbaren Energien, die oft sehr viel Zeit in Anspruch nahmen, erleichtert oder komplett abgeschafft (vgl. MoP: 2003; DENA 2007: 32).

Tabelle 1: Entwicklung der Politik für erneuerbare Energien in Indien

Meilensteine	Funktion/ Aufgabe
1982: Gründung des Department of Non-Conventional Energy Sources und Ansiedlung im Ministry of Energy	Förderung von Forschung & Entwicklung, Demonstrationsprojekten und Verbreitung von erneuerbaren Energien (EE)
1992: Gründung des Ministry of Non-Conventional Energy Sources (MNES)	Eigenständiges Ministerium für die Förderung der EE; entstanden aus dem Department
1993: Renewable Power Purchase Guideline (Aktionsplan für EE)	Richtlinien des MNES für die Bundesstaaten zur Einführung eines Tarifs von 2,25 Rs./kWh (0,04 €/kWh) mit jährlichen Wachstumsraten von 5%
2003: Electricity Act	Modernisierung und Liberalisierung des Stromsektors; multiple buyer und multiple seller Marktmodell; verschiedenste Förderungen für Elektrizitätserzeugung aus EE
2005: Renewable Energy Policy Statement	Stellungnahme des MNES zu Zielen der EE bis 2012
2006: Ministry of New and Renewable Energy (MNRE)	Umbenennung des MNES
2006: Rural Electrification Policy	Ziele: Zugangsmöglichkeiten zur Elektrizität für alle Haushalte bis 2012; qualitativ hochwertige und bezahlbare Energieversorgung in ländlichen Gebieten

Quelle: eigene Darstellung zusammengestellt aus: MNRE o.J.; SINGH 2007; DENA 2007

Bislang wurde in Indien kein umfassendes Gesetz zur Förderung der regenerativen Energien verabschiedet, wie beispielsweise das Erneuerbare Energien Gesetz (EEG) in Deutschland.

Vielmehr gibt es eine große Zahl von Marktanreizprogrammen auf Bundes- und Landesebene, die für die verschiedenen Sparten der erneuerbaren Energien unterschiedliche Förderungen bieten. Trotz der Richtlinien des MNRE sind die politischen Förderbedingungen in den einzelnen Bundesstaaten und innerhalb der verschiedenen Teilbranchen sehr unterschiedlich. Zudem sind sie laufenden Veränderungen unterworfen und können im Rahmen dieser Studie nicht im Einzelnen dargestellt werden. Bedingt durch den föderalen Aufbau des Landes liegt die Umsetzung der Vorgaben von nationalstaatlicher Seite im Aufgabenbereich der einzelnen Bundesstaaten. Zu den

Förder- und Anreizprogrammen für Investitionen in erneuerbare Energien zählen unter anderem beschleunigte Abschreibungsverfahren, befristete Einkommenssteuerbefreiungen, Investitions- und Zinssubventionen, feste Einspeisetarife für Stromerzeugung aus erneuerbaren Energien sowie die Befreiung von der Stromsteuer bei Eigenversorgung (vgl. MNRE 2008b; GTZ 2004). Genaue Tarife, Laufzeiten und Konditionen bestimmen die Landesministerien, Stromregulierungsbehörden (*State Electricity Regulatory Commission*, SERC) und Finanzinstitutionen der Bundesstaaten.

Insgesamt besteht wie in der gesamten Politik auch im Bereich der erneuerbaren Energien eine Diskrepanz zwischen den angekündigten Maßnahmen und Richtlinien auf Bundesebene und der tatsächlichen Umsetzung vor Ort.

4.2.3 Wirtschaftliche Rahmenbedingungen

Für den Ausbau der erneuerbaren Energien sind neben den politischen auch besonders die wirtschaftlichen und wirtschaftsrechtlichen Bedingungen in Indien entscheidend. Gerade bei Fragen der Internationalisierung spielen diese Informationen für deutsche Unternehmen eine entscheidende Rolle. Während in Kapitel 4.1 bereits die allgemeinen Rahmenbedingungen Indiens dargelegt wurden, wird der Schwerpunkt nun auf solche Aspekte gelegt, die für die erneuerbaren Energien entscheidend sind.

Zunächst ist festzuhalten, dass räumliche Disparitäten bezüglich der Wirtschaftskraft und Infrastruktur sowohl innerhalb des Landes als auch innerhalb der einzelnen Bundesstaaten bestehen. Dies ist nicht nur entscheidend im Hinblick auf die Wahl eines Niederlassungs- und Projektstandortes, sondern auch in Bezug auf die Nachfrage und Kaufkraft für Energie von Seiten der Wirtschaft und Bevölkerung. Zu den wirtschaftsstarken Verdichtungsräumen zählen Bundesstaaten wie Maharashtra, Gujarat, Punjab, Haryana, Karnataka und Tamil Nadu sowie das Unionsterritorium Delhi. Als strukturschwächere Räume aufgrund des geringen BIP pro Kopf und schwacher Gesamtinfrastruktur gelten die Bundesstaaten Bihar, Assam, Madhya Pradesh und Uttar Pradesh (vgl. ALEX, KNIPP u. RODEWALD 2006: 6 u. 25 f.). Uttar Pradesh ist auch gleichzeitig ein gutes Beispiel für die starken regionalen Disparitäten innerhalb eines Bundesstaates. Während der Westen zur *National Capital*

Region (NCR) mit hoher Wirtschaftskraft und Industriedichte zählt, herrschen im Osten landwirtschaftliche Strukturen und eine geringe Industrialisierung vor, was zu einer wesentlich geringeren Energienachfrage führt (vgl. STANG 2002: 331).

Ein weiterer wichtiger Faktor ist die Frage, wer die Investitionen in den Ausbau der erneuerbaren Energien finanziert. Aufgrund der steuerlichen Vorteile bei Investitionen im Bereich der Wind- und Wasserkraft werden diese Branchen von privaten Anlegern bestimmt. Bei der Solar- und Bioenergie gibt es diese Abschreibungsmodelle noch nicht, sodass die Finanzierung oft noch durch staatliche Fördermaßnahmen gesichert werden muss.

Für ausländische Investoren im Bereich der erneuerbaren Energien bestehen keine Beschränkungen in der Direktinvestitionshöhe. Somit können deutsche Unternehmen sowohl in Form einer 100%igen Tochtergesellschaft als auch eines *Joint Ventures* mit einem indischen Partner in Indien tätig werden. Das Investitionsrecht wurde auch dahingehend gelockert, dass keine Genehmigungen des *Foreign Investment Promotion Board* mehr benötigt werden, um Anteile an einer indischen Firma zu erwerben (vgl. SINGH 2007: 39). Hierdurch werden ausländische Investitionen erheblich erleichtert und der Technologietransfer unterstützt.

Auf weitere wirtschaftliche Rahmenbedingungen für erneuerbare Energien wird im Kapitel über die Entwicklung des indischen Marktes für erneuerbare Energien eingegangen.

4.2.4 Gesellschaftliche Rahmenbedingungen

Die Etablierung der erneuerbaren Energien als eine Form der Energieversorgung wird in Indien durch gesellschaftliche und kulturelle Aspekte mit beeinflusst.

Die Nachfrage nach Energie von Seiten der Bevölkerung ist in den letzten Jahrzehnten enorm angestiegen und wird in Zukunft weiter zunehmen. Zwei Gründe spielen dabei eine entscheidende Rolle. Zum einen ist dies die demographische Entwicklung des Landes, zum anderen die Zunahme des Pro-Kopf-Verbrauchs durch den steigenden Wohlstand Indiens. Trotz des Rückgangs der jährlichen Wachstumsrate auf 1,6% wächst die Anzahl der

Bevölkerung in absoluten Zahlen gewaltig (vgl. CIA 2008). Zwischen 1991 und 2001, dem Jahr der letzten Volkszählung, stieg die Bevölkerungszahl um 180 Mio. Menschen (vgl. STANG 2002: 81). Während die Geburtenrate absinkt, wird die Bevölkerung, bedingt durch das Absinken der Säuglingssterblichkeit und einen Anstieg der Lebenserwartung aufgrund besserer medizinischer Versorgung und Lebensverhältnisse, auch in Zukunft weiter wachsen (vgl. CIA 2008).

Neben diesen Einflussfaktoren, die für alle Formen der Energiequellen gelten, gibt es Rahmenbedingungen, die speziell die Nutzung erneuerbarer Energien beeinflussen. Hierzu zählt die regionale Verteilung der Bevölkerung. Nicht überall dort, wo die natürlichen Rahmenbedingungen günstig für die Nutzung der erneuerbaren Energien sind, ist die Bevölkerungsdichte hoch genug, um die Anlagen rentabel werden zu lassen. Außerdem ist der Stromtransport über weite Strecken zu den Ballungszentren bislang nicht ökonomisch profitabel. Dies gilt besonders für die standortgebundenen Arten Geothermie, Wind- und Wasserkraft.

Die Akzeptanz der neuen Technik zur Energiegewinnung in der Gesellschaft ist ein weiterer Faktor, der die Bedingungen für erneuerbare Energien beeinflussen kann. Während allgemein angenommen wird, dass die Technik in den Städten gut angenommen wird, hat das MNRE umfangreiche Projekte gestartet, um die Akzeptanz der erneuerbaren Energietechnik und das Umweltbewusstsein in den ländlichen Gebieten zu erhöhen (vgl. MNRE o.J.). Während die Sensibilität für Umweltprobleme verglichen mit westlichen Staaten eher gering ist, steigt in den letzten Jahren das Bewusstsein für Klima- und Umweltschutz besonders in der gebildeten, städtischen Bevölkerungsschicht an. Auch die Zahl der Nichtregierungsorganisationen, die sich mit Umweltproblemen auseinandersetzt, ist in den vergangenen Jahren in Indien gewachsen (vgl. WWF FOR NATURE-INDIA 2008; ALEX, KNIPP u. RODEWALD 2006: 56). Dies kann zum einen als positive Rahmenbedingung für die Entwicklung der erneuerbaren Energien gesehen werden, zum anderen zeigt es aber auch, dass mit Widerstand von Seiten der Bevölkerung gerechnet werden muss, sollten die Projekte in ökologisch wertvollen Gebieten liegen.

4.3 Die Entwicklung der deutsch-indischen Wirtschaftsbeziehungen

Seit über 500 Jahren bestehen Handels- und Geschäftsbeziehungen zwischen Indien und Deutschland. 1505 landeten die ersten Schiffe der Familie Fugger aus Augsburg vor der Küste von Goa, um in den Handel mit Indien einzusteigen (vgl. SHANKAR u. MÜTZELBURG 2007).

Investitionen deutscher Unternehmen in Indien begannen noch während der Kolonialzeit 1867 mit dem Bau der indisch-europäischen Telegrafenlinie durch die Firma *Siemens* (vgl. KAUFMANN et al. 2006: 2).

Bereits wenige Jahre nach der Unabhängigkeit Indiens stellte der Bau eines integrierten Hüttenwerkes einen weiteren Meilenstein in der Entwicklung der deutsch-indischen Wirtschaftsbeziehungen dar. Die indische Regierung vereinbarte 1953 mit deutschen Firmen den Bau eines Stahlwerkes und die Planung einer dazugehörigen Werksstadt mit dem Namen Rourkela im Bundesstaat Orissa (vgl. STANG 2002: 138).

Von den 1960er bis in die 1980er Jahre investierten mittelständische und große Unternehmen aus Deutschland auf niedrigem, aber stetig wachsendem Niveau in Indien, soweit es die politischen Rahmenbedingungen für ausländische Investitionen vor dem Hintergrund der Abschottung vom Weltmarkt zuließen. Indiens Außenhandelssystem galt bis 1991 als eines der restriktivsten der Welt. Trotz der Außenhandelsliberalisierung Indiens Anfang der 1990er Jahre, kam es zu einem Rückgang des deutschen Engagements. Gründe hierfür sind die deutsche Wiedervereinigung, die Orientierung nach Osteuropa und der Aufstieg Chinas, die das Interesse der deutschen Firmen umlenkten (vgl. KAUFMANN et al. 2006: 2 u. 36).

Beim bilateralen Handel können seit der Jahrtausendwende wieder deutliche Zuwächse auf vergleichsweise niedrigem Niveau verzeichnet werden. Für Deutschland liegt Indien sowohl bei den Einfuhren als auch bei den Ausfuhren an 26. Stelle der Handelspartner. Deutsche Einfuhrgüter aus Indien erreichen 2007 einen Wert von 4,72 Mrd. Euro, was im Vergleich zum Vorjahr einen Anstieg um 11,8% bedeutet. Deutsche Exporte nach Indien steigen 2007 um 15,6% auf einen Gesamtwert von 7,35 Mrd. Euro. Textilen und Bekleidungen sowie Chemikalien stellen die wichtigsten deutschen Einfuhrgüter dar, während Maschinen, wiederum Chemikalien und Elektrotechnik die bedeutendsten Ausfuhrgüter sind. Aus indischer Sicht erreicht Deutschland sowohl bei den Importen als auch bei den Exporten den siebten Rang (vgl. BFAI 2008). Die Situation der gegenseitigen Direktinvestitionen verbessert sich stetig. Eine von der DEUTSCHEN BUNDESBANK 2008 veröffentlichte Studie besagt, dass die unmittelbaren und mittelbaren deutschen Direktinvestitionen[6] in Indien zwischen 2003 und 2006 um 40% auf 2,854 Mrd. Euro gestiegen sind. Die Anzahl der deutschen Unternehmen in Indien erhöhte sich im gleichen Zeitraum von 180 auf 288. Im Jahr 2006 sind in dem Wirtschaftszweig „Herstellung von Geräten der Elektrizitätserzeugung -verteilung u. ä.“, zu dem auch ein Großteil der Direktinvestitionen im Bereich erneuerbare Energietechnologie zählt, 542 Mio. Euro investiert worden (vgl. DEUTSCHE BUNDESBANK 2008). Dabei zeichnen sich die deutschen Unternehmen in Indien insgesamt durch eine große Branchenvielfalt aus. Auch bei der strategischen Ausprägung weisen die deutschen Firmen ein breites Spektrum von kleinen Vertriebsniederlassungen bis hin zu global agierenden Konzernen auf (KAUFMANN et al. 2006: 2).

Indien ist für deutsche Unternehmen nicht nur als Fertigungsstandort, sondern auch durch die Größe des Binnenmarktes als Absatzmarkt interessant geworden. Im Zuge des wirtschaftlichen Aufschwungs in Indien ist seit wenigen Jahren der Trend zu beobachten, dass nun auch indische Direktinvestitionen nach Deutschland fließen. Im Jahr 2004 wurden erstmals 79 Mio. Euro in Deutschland investiert. 2006 betrugen die indischen Direktinvestitionen 91 Mio. Euro und wurden von 9 Unternehmen getätigt (vgl. DEUTSCHE BUNDESBANK 2008). Die erste Übernahme eines deutschen Unternehmens im Bereich der erneuerbaren Energietechnologie durch eine indische Firma geschah 2007, als der größte indische Windkraftanlagenhersteller *Suzlon* die norddeutsche Firma *REpower* erwarb. Unterstützt werden die Wirtschaftsbeziehungen der beiden Länder durch gute politische Verbindungen und zwischenstaatliche Vereinbarungen wie dem Doppelbesteuerungsabkommen von 1996 und dem Investitionsschutzabkommen aus dem Jahr 1998.

---

6 Mittelbar bedeutet in diesem Fall, dass auch die über abhängige Holdinggesellschaften im Ausland getätigten deutschen Direktinvestitionen eingerechnet worden sind.

5 Entwicklung des indischen Marktes für erneuerbare Energien

Nach der allgemeinen Vorstellung des Untersuchungsgebietes unter besonderer Berücksichtigung der Rahmenbedingungen für regenerative Energien, steht nun der Markt für erneuerbare Energien im Mittelpunkt des Interesses. Um die Entwicklung des Marktes besser einschätzen zu können, ist es hilfreich, zunächst einen Überblick über die allgemeine Energiesituation und den Energiemarkt des Subkontinentes zu geben. Eine Akteursanalyse gibt Aufschluss darüber, welche Akteure den Energiemarkt und damit auch die Branche der erneuerbaren Energien beeinflusst. Für die Zukunftsperspektiven deutscher Unternehmen in Indien ist insbesondere der Ausblick auf die Energiesituation Indiens und die Rolle, die die erneuerbaren Energien dabei spielen können, von Bedeutung.

5.1 Die Energiesituation Indiens

Bereits seit den 1980er Jahren besteht in Indien ein beachtliches Energiedefizit, das im Laufe der Jahre des wirtschaftlichen Aufschwungs noch stärker angewachsen ist. Da in Indien das Wirtschaftswachstum noch nicht, wie in den Industriestaaten, vom Wachstum des Energieangebots abgekoppelt ist, stellt der Energieversorgungssektor das größte Hindernis der wirtschaftlichen Entwicklung des Landes dar (vgl. KAUFMANN et al. 2006: 25).

In den letzten sechs Jahren ist der Energiebedarf um durchschnittlich 5,5% p.a. angestiegen und die Nachfrage nach Primärenergie wird im Jahr 2006/07 auf rund 560 MTOE (*Millon Tonnes Oil Equivalent*) geschätzt (vgl. BFAI 2007b).

Das Land ist derzeit Nettoimporteur von Energie aus dem Ausland, obwohl es selbst über reichlich Kohle und Erdgasvorkommen verfügt (CIA 2008).

Besonders gravierend sind die Probleme des Energiesektors bei der Stromversorgung. Eine mangelhafte Netzstabilität führt vielfach zu Stromausfällen und Stromschwankungen. Das durchschnittliche Defizit beträgt 9% im Wirtschaftsjahr 2007/08, bei Spitzenauslastungszeiten sogar bis zu 15,2%, wobei große Unterschiede zwischen den Regionen und Bundesstaaten bestehen. Insgesamt zeigt der Trend der letzten zehn Jahre, dass das Stromdefizit sich noch verstärkt hat und der Ausbau nicht mit der wachsenden Nachfrage mithalten kann (vgl. MoP 2008: 11).

Rund 45% des produzierten Stroms kann nicht in Rechnung gestellt werden, da er entweder illegal vom Netz abgezapft wird oder aufgrund technischer Verluste die Nachfrager nicht erreicht (vgl. KAUFMANN et al. 2006: 24).

Trotz der Liberalisierungs- und Dezentralisierungsbemühungen von staatlicher Seite beträgt der Anteil privater Stromerzeuger für das öffentliche Netz lediglich 10%. Der Rest wird von den vielfach ineffizient arbeitenden zentral- und bundesstaatlichen Großbetrieben erzeugt (vgl. DENA 2007: 22). Wie die Energieerzeugungs- und Verbrauchsstrukturen des Energiesektors genau aussehen und welche Bedeutung die erneuerbaren Energien dabei spielen, wird im Folgenden darstellt.

5.1.1 Energieerzeugung

Bei der Analyse der Energieerzeugung ist es sinnvoll, im Hinblick auf die spätere Bewertung der Möglichkeiten, Probleme und Zukunftsperspektiven deutscher Unternehmen zwischen der Stromerzeugung und thermischen Energieerzeugung zu unterscheiden. Der Grund dafür ist die Möglichkeit, dass deutsche Unternehmen neben der Stromerzeugung auch im Bereich der thermischen Energieerzeugung (bspw. Solarkocher) oder im Biokraftstoffbereich tätig sein können. Eine weitere Unterscheidung wird bei den erneuerbaren Energien zwischen der netzgebundenen Stromerzeugung und den netzfernen Insellösungen zur Stromerzeugung getroffen, um die Situation möglicher Nischenmärkte aufzuzeigen.

Die installierte Stromerzeugungskapazität bis zum 31.7.2008 beträgt 145.589 MW. Während Kohle (53%) bei der Stromerzeugung an erster Stelle steht, folgt mit einem Anteil von fast 25% die Wasserkraft mit Kraftwerkskapazitäten über 25 MW, die in Indien zwar nicht mehr zu den erneuerbaren Energien gezählt wird, aber im physikalischen Sinne eine regenerative Ressource darstellt (vgl. Tabelle 2). Die erneuerbaren Energien liegen mit 8,4% hinter Gas (10,1%) schon auf Platz vier der netzgebundenen Stromerzeugungskapazität.

Die Atomenergie spielt bislang mit 2,8% noch eine untergeordnete Rolle, wobei die ehrgeizigen Ausbaupläne durch das Ende Juli 2008 geschlossene Nuklearabkommen zwischen Indien und den USA neuen Aufwind bekommen haben dürften. Mit unter 1% ist die Bedeutung von Diesel sehr gering.

Tabelle 2: Installierte Kraftwerkskapazität zur Stromerzeugung nach Branchen

	Kohle	Gas	Diesel/ Öl	Atomenergie	Wasserkraft (außer SHP)	Erneuerbare Energien*
Megawatt	77.199	14.716	1.200	4.120	36.159	12.195
% Anteil	53%	10,1%	0,8%	2,8%	24,8%	8,4%

Stand: 31.07.2008

*Erneuerbare Energien beinhaltet: Windkraft, SHP, Solar- und Bioenergie sowie städtische und Industrielle Reststoffe

Quelle: eigene Darstellung und Berechnung aus CEA 2008

Bei näherer Betrachtung der Bedeutung der einzelnen Formen der erneuerbaren Energien wird deutlich, dass Windenergie mit einer netzgebundenen Stromerzeugungskapazität von 8.757 MW und einem Prozentsatz von 71% derzeit den größten Anteil liefert (vgl. Abbildung 4). An zweiter Stelle liegt Wasserkraft (SHP) mit 2.180 MW, gefolgt von Bioenergie mit einem Anteil von 1.406 MW. Die Stromerzeugungskapazität aus industrieller und städtischer Restmüllverbrennung sowie Solarenergie liegt mit 56 MW bzw. 2 MW unter 1%.

Gerade der sehr geringe Anteil der Nutzung der Solarenergie zur Stromerzeugung im Vergleich zu dem hohen natürlichen Potenzial zeigt die Möglichkeiten, die die Branche bietet. Nach Angaben des MNRE beträgt die netzgebundene Gesamtkapazität aus erneuerbaren Energien am 31.3.2008 12.402 MW. Unklar ist, trotz gleicher Definition, der höhere Wert des früheren Stichtags im Vergleich zu den Daten der *Central Electricity Authority* (CEA), die einen Wert von 12.195 MW (31.7.2008) angibt.

Abbildung 4: Netzgebundene Stromerzeugungskapazität der erneuerbaren Energien in Prozent

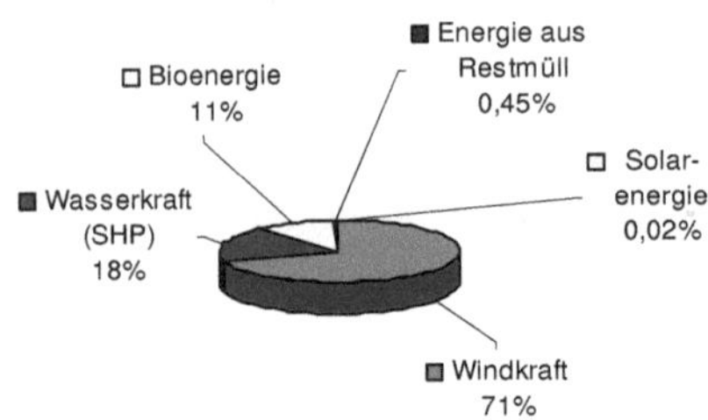

Stand: 31.03.2008

Quelle: eigene Darstellung und Berechnung nach MNRE 2008a

Ein Vergleich der derzeitigen Kapazität und prozentualen Aufteilung mit den Werten aus dem Jahr 2002 zeigt, dass sich die netzgebundene Stromerzeugungskapazität mit einem Wert von 3.700 MW in 2002 bis zum Jahr 2007 mehr als verdreifacht hat. Anteilsmäßig ist die Bedeutung der Windenergie von 46% in 2002 auf 71% in 2007 enorm angestiegen, was zu Lasten der anderen Formen ging. Besonders gesunken ist der Anteil der Kleinwasserkraft von 39% auf nunmehr knapp 18% (vgl. MNRE 2003; MNRE 2008a). Hier spiegelt sich die enorme politische Förderung der Windenergie durch verschiedene Anreizprogramme in den vergangenen Jahren wider.

Ein Blick auf die Verteilung der netzgebundenen Stromerzeugungskapazität aus erneuerbaren Energien nach Bundesstaaten zeigt die starke Konzentration in wenigen Regionen des Landes.

Tabelle 3: Netzgebundene Kapazität der erneuerbaren Energien nach ausgewählten Bundesstaaten und Branchen in MW

	Windenergie	SHP	Bioenergie	Total
Andhra Pradesh	122,500	179,100	334,250	635,850
Gujarat	874,800	7,000	0,500	882,300
Karnataka	917,200	464,000	262,280	1.643,480
Kerala	2,000	98,120	k. A	100,120
Madhya Pradesh	70,300	51,160	1,000	122,460
Maharashtra	1.646,300	211,325	108,000	1.965,625
Rajasthan	495,700	23,850	23,300	542,850
Tamil Nadu	3.711,600	89,700	272,500	4.073,800
Total	7.840,400	1.124,255	1.001,830	9.966,485

Stand: 31.12.2007

Quelle: eigene Darstellung und Berechung nach MNRE 2008b

Die acht Bundesstaaten, für die gesicherte Daten vorliegen, tragen zusammen zu rund 80% der landesweit installierten Kapazität bei (vgl. MNRE 2008b). Daten über die Kapazität der Energie aus Restmüll und Solarenergie werden bislang noch nicht veröffentlicht. Bedingt durch den geringen Anteil von 0,45% bzw. 0,02% werden sie die Ergebnisse kaum beeinflussen.

Wegen der enorm hohen Werte in der Branche der Windenergie liegt Tamil Nadu mit einer Gesamtkapazität von 4.073,8 MW an der Spitze im Vergleich der Bundesstaaten. Maharashtra und Karnataka folgen mit 1.965,6 MW bzw. 1.643,5 MW. Weiterhin in der Spitzengruppe zu finden sind mit größerem Abstand die Bundesstaaten Gujarat, Andhra Pradesh und Rajasthan (vgl. Tabelle 3).

Neben der netzgebundenen Stromerzeugungskapazität werden derzeit (31.3.2008) im ganzen Land insgesamt rund 230 MW durch dezentrale Anlagen produziert, von denen der überwiegende Teil (195 MW) aus Bioenergie gewonnen wird. Der restliche Teil setzt sich aus Restmüllverbrennung, Photovoltaikanlagen und Hybridsystemen zusammen (vgl. MNRE 2008a).

Abgesehen von der allgemeinen Stromversorgung kommen erneuerbare Energien auch bei einer Reihe weiterer dezentraler Energiewandlungstechnologien zum Einsatz (vgl. Tabelle 4). Während die Bedeutung der netzgebundenen Stromerzeugung aus Sonnenenergie mit 2 MW derzeit noch verschwindend gering ist, bietet die Solarenergie mit thermischen und photovoltaischen Anlagen gerade in ländlichen Gebieten vielfältige Nutzungsformen.

Tabelle 4: Dezentrale Nutzung der erneuerbaren Energien in Indien

Weitere Nutzungsarten der erneuerbaren Energien	Anzahl/ Fläche
Kleinstbiogasanlagen	4015.000 Stück
Windpumpen	1.342 Stück
Beleuchtungssysteme für Privathaushalte	402.938 Stück
Solarpumpen	7.148 Stück
Straßenbeleuchtung durch Solarenergie	670.059 Stück
Solarthermische Warmwasserbereitung	2,3 Mio. m^2
Solarkocher	634.000 Stück

Quelle: eigene Darstellung nach MNRE 2008a

Eine weitere Form der Energieerzeugung ist die Herstellung von Biodiesel. Bei der Produktion setzt der Subkontinent vornehmlich auf die Ölpflanze Jatropha, die auf ca. 2,3 Mio. ha angebaut wird. In Indien besteht bereits eine 5%ige Beimischungspflicht für Biodiesel zu konventionellem Dieselkraftstoff (vgl. DENA 2007: 24).

Die vielfältigen Möglichkeiten der Energieerzeugung aus erneuerbaren Energien bei geringen absoluten Werten und gleichzeitig hohen Wachstumsraten in den letzten Jahren zeigen das große Potenzial des indischen Marktes.

5.1.2 Energieverbrauch

Die Nachfrage nach Energie hat sich in den letzten Jahren, bedingt durch den wirtschaftlichen Aufschwung Indiens und die gestiegenen Lebensbedingungen der Bevölkerung, stetig erhöht. Der Subkontinent verbraucht im Jahr 2007 3,6% der Primärenergie weltweit bei einem Anteil der Weltbevölkerung von 12,5% und ist damit drittgrößter Konsument hinter China und Japan im asiatisch-pazifischen Raum. Der Primärenergieverbrauch steigt 2007 auf

404.4 MTOE, was im Vergleich zum Vorjahr einen Anstieg um 6,8% und im weltweiten Vergleich die 11. größte Zuwachsrate bedeutet (vgl. BP 2008: 40).

Primärenergieverbrauch

Beim Primärenergieverbrauch setzt Indien auf einen Mix aus unterschiedlichen Energieträgern. An erster Stelle steht im Jahr 2006 Kohle mit einem Anteil von 41,5%. Bereits als zweitwichtigster Primärenergieträger wird Biomasse (26%) zur Energieversorgung eingesetzt. Dies liegt daran, dass insbesondere in ländlichen Gebieten die traditionelle Nutzung von Biomasse wie Holz und Kuhdung noch heute eine hohe Bedeutung haben. An dritter und vierter Stelle folgen Erdöl mit einem Anteil von 21% und Erdgas mit 6,3%. Große Wasserkraftprojekte über 25 MW tragen mit 4,4% zur Primärenergieversorgung bei und Kernenergie hat einen Anteil von 0,7%. Der Anteil der erneuerbaren Energien, ausgenommen von Biomasse, beträgt lediglich 0,1% (vgl. DENA 2007: 17). Die große Bedeutung der traditionellen Nutzung von Biomasse zeigt, dass Unternehmen, die moderne Techniken zur Nutzung der Biomasse wie Biogasanlagen entwickeln, ein hohes Potenzial haben, für eine Effizienzsteigerung auf dem indischen Markt zu sorgen.

Größter Verbraucher der Primärenergie ist mit 49% die Industrie, gefolgt vom Transportwesen mit 22%. An dritter Stelle stehen die privaten Haushalte mit 10%. Der Rest wird von anderen Sektoren wie der Landwirtschaft und dem Handel genutzt (vgl. ALEX, KNIPP u. RODEWALD 2006: 104).

Stromverbrauch

Bei der Verteilung des Verbrauchs an Strom steht wieder die Industrie mit 37,8% an erster Stelle. Private Haushalte tragen mit 24,3% zum Stromverbrauch bei, dicht gefolgt von der Landwirtschaft mit 21,9%. An vierter Stelle steht der Handel mit 8,7%. 5% werden von weiteren Sektoren genutzt (vgl. Abbildung 5).

Der Pro-Kopf-Verbrauch an Strom liegt im Wirtschaftsjahr 2006/07 lediglich bei 600 kWh (vgl. BFAI 2007b).[7]

Der hohe Bedarf an Primärenergie und Strom von Seiten der Industrie zeigt, dass es angesichts des großen Stromdefizits für viele Industriebranchen sinnvoll sein kann, durch Investitionen in Eigenstromanlagen vom öffentlichen Netz unabhängig zu werden. Firmen setzen bei den so genannten *Captive Power Plants* zunehmend auch auf erneuerbare Energietechnologie. Die Gesamtkapazität der Eigenerzeugungsanlagen wird bereits auf 40.000 MW geschätzt (vgl. DENA 2007: 23).

Abbildung 5: Prozentanteil einzelner Sektoren am Stromverbrauch im Jahr 2007

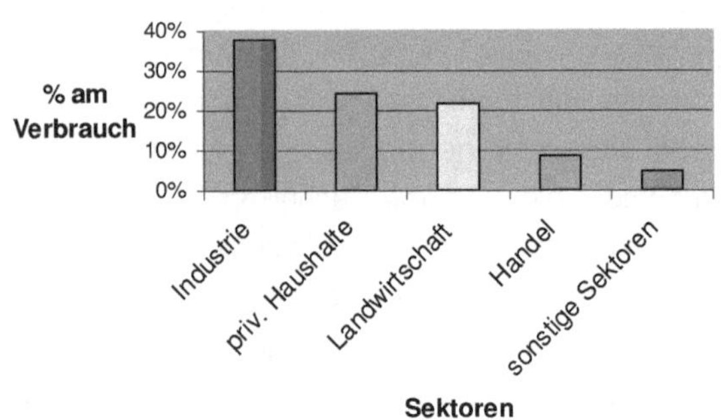

Quelle: eigene Darstellung nach MoP 2008

5.2 Die Hauptakteure auf dem Markt der erneuerbaren Energien

Für das Verständnis des indischen Marktes ist es aus unternehmerischer Sicht wichtig, seine Hauptakteure zu kennen und ihre Bedeutung einschätzen zu können. Der Markt wird geprägt durch die Interaktion vieler Akteure, wobei aus Übersichtsgründen der hier vorliegenden Analyse der Schwerpunk auf komplexe Akteure gelegt wird.

Bis zum Jahr 1991 war der Energiemarkt und damit auch der Markt für erneuerbare Energien verstaatlicht. Gleich zu Beginn der Wirtschaftsreformen

---

[7] In Deutschland liegt der Stromverbrauch pro Kopf bei 7.220 kWh p.a. (vgl. BFAI 2007b).

wurden die beiden Märkte sowohl für private, als auch für ausländische Unternehmen und Investoren geöffnet (vgl. DENA 2007: 10). Seither beeinflusst eine Vielzahl von staatlichen Institutionen auf Bundes- und Landesebene, staatlicher und privater Nachfrager und Anbieter den Markt. Ziel des Unterkapitels ist es, einen Überblick über die Hauptakteure und ihre Einflussmöglichkeiten zu geben.

5.2.1 Politische Akteure

Augrund der föderalen Struktur Indiens wird der Markt der erneuerbaren Energien sowohl von zentral- als auch von bundesstaatlichen Institutionen geprägt. Dabei ist noch einmal zu unterscheiden zwischen komplexen Akteuren, die direkt mit der Förderung und Gestaltung beauftragt sind und solchen, die indirekt über den Strommarkt einen Einfluss auf die Entwicklung des Marktes nehmen.

Zentralstaatliche Akteure

Auf nationaler Ebene ist das *Ministerium für Neue und Erneuerbare Energien* (MNRE) für die Planung, Förderung und Forschung rund um die Energiegewinnung aus regenerativen Energien zuständig. Schwerpunkte des Ministeriums sind die Förderung der modernen Energienutzung in ländlichen Gebieten sowie der Forschung und Entwicklung neuer Techniken. Zur Erfüllung seiner Aufgaben untersteht dem Ministerium eine landesweit agierende Institution zur Finanzierung von Forschungs- und Förderprogrammen, die *Indian Renewable Energy Development Agency* (IREDA). Außerdem sind im Auftrag des Ministeriums Forschungsinstitutionen in den vier Sparten Wind-, Wasserkraft, Solar- und Bioenergie gegründet worden. Besonders das *Centre for Wind Energy Technology* (C WET) und das *Solar Energy Centre* (SEC) haben durch ihre Forschung- und Entwicklungstätigkeit international Anerkennung erlangt (vgl. MNRE o.J.).

Großen Einfluss auf die Entwicklung des Marktes für erneuerbare Energien haben auch die nationalstaatlichen Akteure der Energiepolitik, besonders der Elektrizitätsversorgung. Zum einen wird der Großteil der modern erzeugten Energie aus regenerativen Ressourcen zur Stromerzeugung genutzt, zum anderen wird dieser Strom auf dem trotz Reformbemühungen immer noch stark staatlich geprägten Elektrizitätsmarkt gehandelt. Auf Bundesebene trägt das *Ministry of Power* (MoP) die Hauptverantwortung für die Stromerzeugung und Kapazitätsplanung. Da neben dem MoP und dem MNRE noch drei weitere Ministerien für die Organisation des Energiemarktes zuständig sind, ist zur Koordinierung und Planung einer einheitlichen Energiepolitik die *Central Electricity Authority* (CEA) gegründet worden (CEA o.J.).

Bundesstaatliche Akteure

Auf Bundesstaatenebene haben die Staaten einzelne *State Energy Development Agencies* gegründet, die speziell für die Förderung und Planung des Marktes für erneuerbare Energien zuständig sind. Gerade auf der Mikroebene haben sie vor Ort großen Einfluss auf die Umsetzung der Projekte. Darüber hinaus sind in einigen Bundesstaaten wie beispielsweise Maharashtra, wo erneuerbare Energien einen vergleichsweise hohen Stellenwert haben, eigene Landesministerien für die Förderung nichtkonventioneller Energien gegründet worden.

Die wichtigsten Akteure auf dem Elektrizitätsmarkt sind auf Bundesstaatenebene derzeit noch die 17 *State Electricity Boards* (SEBs) und 12 *Electricity Departments*. Sie kaufen den staatlichen und privaten Stromerzeugern den Strom ab und sind für die Verteilung und den Weiterverkauf des Stroms an die Endkunden zuständig. Bis zur *Electricity Act 2003* haben sie als Monopolanbieter für den Endkunden und Monopolabnehmer von Elektrizitätserzeugern auch die Tarife festgelegt, doch seither ist dies Aufgabe der einzelnen *State Electricity Regulatory Commissions* (SERCs). Sie legen somit auch die Einspeisetarife für die einzelnen Sparten der erneuerbaren Energien fest (vgl. MNRE 2007: 47). Außerdem besteht für private Erzeuger nicht mehr die Pflicht, den Strom an die SEBs zu verkaufen, sondern direkt Verträge mit Abnehmern zu schließen (vgl. GTZ 2004). Orissa und Delhi haben bislang als einzige Verwaltungsgebiete eine komplette Privatisierung der Stromverteilung vorgenommen (DENA 2007: 11). Obwohl die Reform von 2003 die Macht der SEBs erheblich verkleinert hat, spielen sie in den meisten Staaten beim Stromverkauf auch für private Erzeuger eine zentrale Rolle.

5.2.2 Private Nachfrager nach Eigenerzeugungsanlagen

Eine weitere wichtige Akteursgruppe auf dem Markt der erneuerbaren Energien sind die privaten Nachfrager nach Eigenerzeugungsanlagen (*Captive Power Plants*). Dabei handelt es sich hauptsächlich um energieintensive Unternehmen aus den Industriezweigen Maschinenbau, Chemie und Metall-/Bergbau, Textilien sowie Zementproduktion, die von der unzuverlässigen öffentlichen Stromversorgung unabhängig werden möchten (vgl. DENA 2007: 23). Zudem sind in vielen Staaten die Stromtarife für den Industriesektor verglichen mit den Preisen, die private Haushalte und die Landwirtschaft zahlen, sehr hoch. Prinzipiell eignen sich je nach Standort alle Formen der erneuerbaren Energien zur Eigenstromproduktion. Neben Windkraftanlagen fragen private Unternehmen bislang hauptsächlich solarthermische Anlagen nach. Ein Vorteil der privaten Investoren aus Sicht der Anbieter von erneuerbarer Energietechnologie ist, dass sie ihre Kaufentscheidung nicht nur nach preislichen Gesichtspunkten treffen, wie dies vielfach bei staatlichen Projekten geschieht, sondern zudem nach Qualität und der leichten Anwendbarkeit der Erzeugnisse (vgl. ALEX, KNIPP u. RODEWALD 2006: 60 f). Dass private Nachfrager auch durchaus als Auftraggeber von großen Projekten in Erscheinung treten können, zeigen die Beispiele zweier indischer Unternehmen. Während das größte indische Schmiedeunternehmen *Bharat Forge* bereits heuer über eine Kapazität aus Windkraft von 30 MW verfügt, plant der größte Zinkproduzent, *Hindustran Zinc*, den Bau eines 75 MW Windparks (vgl. BFAI 2007a). Als Akteur gewinnen diese privaten Nachfrager eine immer stärkere Bedeutung im Zusammenhang mit den Kommerzialisierungsbestrebungen der Branche.

5.2.3 Heimische und internationale Anbieter für erneuerbare Energietechnologie

Entscheidend für die Entwicklung des Marktes für erneuerbare Energien sind die bereits etablierten Unternehmen, die als Hersteller, Projektentwickler und Berater die verschiedenen Branchen beeinflussen.

Auf dem Windenergiemarkt konnte sich Indien aufgrund der guten Förderbedingungen als Produktionsstandort von Anlagen- und Komponentenherstellern etablieren. Einer Studie des Beratungsunternehmen *Pricewater-houseCoopers* zufolge haben sich über 30 in- und ausländische Firmen auf dem Markt für Windenergietechnologie positioniert. Der Großteil der Unternehmen ist im Bereich der Zulieferung tätig (vgl. PwC 2007: 32f.). Der Markt der Projektentwickler und -betreiber wird von lediglich drei großen Unternehmen dominiert. Mit einem Marktanteil von 52% der installierten Kapazität steht das indische Unternehmen *Suzlon* unangefochten an der Spitze. Es folgt die deutsche Firma *Enercon* mit 24% und das dänische Unternehmen *Vestas* mit 22% (vgl. LEWIS 2007: 7).

Im Bereich der Wasserkrafttechnologie verfügt Indien über ein gut ausgebautes Hersteller- und Händlernetz. Während der Markt bis vor wenigen Jahren von staatlichen Unternehmen geprägt war, steigt die Bedeutung privater Firmen stark an. Der Grund für das Engagement staatlicher Unternehmen ist darin zu sehen, dass Großwasserkraftprojekte bei der Stromerzeugung schon vor der Privatisierung eine bedeutende Rolle gespielt haben, als lediglich staatseigene Unternehmen im Energiesektor aktiv sein durften. Bei der Wasserkrafttechnologie sind alle Unternehmen sowohl im Klein- als auch im Großwasserkraftbereich engagiert. Mehr als 15 indische Unternehmen stellen teils komplette Systeme, teils Bau- und Ersatzteile wie Turbinen, Regler und Generatoren her. 11 Unternehmen sind darüber hinaus als Projektentwickler tätig. Alle indischen Unternehmen verfügen entweder über ein *Joint Venture* oder eine Vereinbarung zur technischen Zusammenarbeit mit ausländischen Firmen, so dass der Transfer der neusten Technologie gewährleistet ist (vgl. DENA 2007: 63; YEPTHO 2007: 30). Zu den bedeutendsten internationalen Unternehmen zählen das österreichische Unternehmen *Andritz VA Tech* und die deutsche Firma *Voith Hydro Holding GmbH & Co. KG.*

Der Markt für Solarenergietechnologie ist zahlenmäßig neben dem Bioenergiemarkt mit den meisten Unternehmen im Bereich der erneuerbaren Energien vertreten. Bereits in den 1970er Jahren wurden in Indien staatliche Unternehmen gegründet, um Solartechnik hauptsächlich für die Energieversorgung in ländlichen Gebieten zu fördern. In 2007 sind ca. 50 Hersteller von Photovoltaikmodulen, neun von Solarzellen und 21 Anbieter von Photovoltaikzellen in Indien tätig. Die indischen Akteure sind, ausgenommen von den staatlichen Firmen, überwiegend als Kleinbetriebe mit jährlichen Produktionskapazitäten von wenigen MW zu bezeichnen (vgl. DENA 2007: 49). Zu den großen staatlichen Unternehmen zählen *Bharat Heavy Electricals Ltd.*, *Central Electronics Ltd.* und *Rajasthan Electronics and Instruments Ltd.* Insgesamt haben sich die heimischen Hersteller hauptsächlich auf den Export von Solartechnologie spezialisiert (vgl. SARKA, KUJUR u. ALI 2007: 51 f.). Internationale Marktakteure, zu denen globale Firmen wie *TATA BP Solar*, *GE Energy*, *Astor Power* oder *SELCO International* gehören, nutzen die niedrigen Arbeits- und Produktionskosten, um sowohl für den wachsenden indischen Markt als auch für den Export zu produzieren (vgl. ALEX, KNIPP u. RODEWALD 2006: 60).

Auf dem Markt der Bioenergie haben sich bislang über 20, hauptsächlich kleine Firmen, im Bereich der Biomassevergasung und -verbrennung positioniert sowie über 30 Unternehmen in der Sparte der Entwicklung und Herstellung von Blockheizkraftwerken (vgl. PwC 2007: 68 ff. u. 88 f.). In der Sparte der Herstellung von Biodiesel sind aus indischer Sicht wenige kleine Unternehmen aus dem Privatsektor bekannt. Zu den größeren indischen Unternehmen in diesem Segment zählen *Gujarat Oleo Chem Ltd.* und *Naturol BioEnergy*. Bekannte, internationale Firmen wie der Ölkonzern *BP* und der japanische Kfz-Hersteller *Toyota* beginnen sich für den wachsenden indischen Markt zu interessieren (vgl. ALEX, KNIPP u. RODEWALD 2006: 63).

Insgesamt hat sich in den letzten Jahren neben den in allen Sektoren tätigen staatlichen Unternehmen eine Vielzahl von privaten indischen und ausländischen Unternehmen auf dem wachsenden Markt für erneuerbare Energietechnologie positioniert. Dabei sind die Aufteilung der Marktanteile und die Branchenstruktur der Unternehmen sehr unterschiedlich. Während der Wind- und Wasserkraftmarkt tendenziell von wenigen großen Unternehmen geprägt ist, haben kleine und mittlere Unternehmen mit geringer Erzeugungskapazität bei der Solar- und Bioenergiebranche den Vorrang.

5.3 Die zukünftige Marktentwicklung

Die zukünftige Entwicklung des Marktes für erneuerbare Energien wird nicht nur vom steigenden Energiebedarf Indiens beeinflusst, sondern unter anderem auch von den Reserven und Potenzialen der konventionellen Energieträger sowie den Leitlinien und Zielen der Energiepolitik.

Der Energiebedarf des Subkontinentes wird nach Schätzungen bis zum Jahr 2032 um das Vierfache ansteigen. Für den Stromsektor wird sogar eine Steigerung um das Fünffache erwartet (vgl. DENA 2007: 9). Um mit der wachsenden Nachfrage mithalten zu können, wird ein Ausbau der Nutzung aller zur Verfügung stehenden Energieträger notwenig sein. Ein Blick auf die Reserven der konventionellen Energieträger zeigt, dass langfristig den erneuerbaren Energien eine besondere Bedeutung zukommen wird, wenn Indien eine Energieimportabhängigkeit vermeiden will. Indien besitzt Steinkohlereserven von schätzungsweise 253 Mrd. t und die Braunkohlereserven beziffern sich auf 36 Mrd. t. Sollte die Förderung um jährlich 5% wachsen, gelten die Reserven bis 2042 als erschöpft (BFAI 2007b). Obwohl Indien nach China mit 5.6 Mrd. Barrel die zweitgrößten Erdölreserven im asiatisch-pazifischen Raum besitzt, wird das Land bei steigendem Ölverbrauch und stagnierter Förderung zunehmend von Importen abhängig. Bei gleich bleibender Förderung werden die Erdölreserven Schätzungen zufolge in 28 Jahren erschöpft sein (vgl. DENA 2007: 9 u. 28). Die Erdgasreserven des Subkontinents werden auf 1.100 Mrd. m^3 geschätzt. Aufgrund des geringen Anteils am Primärenergieverbrauch von derzeit 6,3% werden eigene Reserven noch ca. 50 Jahre zur Verfügung stehen (vgl. ebd.). Während Indien nur über geringe Uranreserven verfügt, ist geplant, die Atomenergie mittelfristig mit Hilfe der reichhaltigen Thoriumreserven auszubauen (vgl. BFAI 2007b). Vor dem Hintergrund der vielfältigen Ressourcen an regenerativen Energien wird deutlich, dass langfristig gesehen der Ausbau der erneuerbaren Energien in Indien zusammen mit der Atomenergie die einzige Möglichkeit sein wird, um den Eigenversorgungsanteil möglichst hoch zu halten.

Kurz- und mittelfristig wird der Markt der erneuerbaren Energien besonders von den energiepolitischen Zielen und Förderprogrammen der Regierung beeinflusst werden. Im Rahmen der *National Electricity Policy* aus dem Jahr 2005 hat sich die Regierung zum Ziel gesetzt, bis zum Jahr 2012 alle Haushalte in Indien zu elektrifizieren. Da die Haushalte ohne Strom hauptsächlich in ländlichen Gebieten fernab des öffentlichen Netzes liegen, wird von politischer Seite ein Schwerpunkt auf die Nutzung der erneuerbaren Energien gelegt. Außerdem soll der pro Kopf Verbrauch von derzeit 600 kWh auf über 1.000 kWh pro Jahr gesteigert werden (vgl. MoP 2005). Darüber hinaus ist vorgesehen, den Anteil der erneuerbaren Energien an der Stromerzeugung von derzeit 8,4% bis 2012 auf 10% zu steigern (vgl. MNRE o.J.). Zahlreiche Förderprogramme in den einzelnen Branchen stehen dafür von Seiten des MNRE zur Verfügung.

Derzeit besitzt der indische Markt für erneuerbare Energien ein Marktvolumen von 500 Mio. US-$, das sich aber in den nächsten Jahren um durchschnittlich 15% p.a. steigern wird (vgl. US DoC 2007).

Um die insgesamt ehrgeizigen Ziele zu erreichen, ist auch ein stärkeres Engagement der Privatwirtschaft nötig. Dabei werden sich für deutsche Unternehmen aus der Branche der erneuerbaren Energietechnologie zukünftig verschiedene Absatzchancen bieten.

Der *All Renewable Index*, der Firma *Ernst & Young*, der auf lange Sicht die Marktpotenziale der einzelnen Sparten zusammenhängend bewertet, setzt Indien 2007 hinter den USA und Deutschland auf Platz 3 der weltweiten Liste. Auch in den einzelnen Branchen steht Indien jeweils unter den fünf Staaten mit den größten Potenzialen (vgl. ERNST & YOUNG 2007: 5).

Welche Entwicklung der indische Markt tatsächlich nehmen wird, hängt auch davon ab, wie sich die Reformbemühungen und Liberalisierungsschritte umsetzen lassen und welche Bedingungen vor Ort die Projekte und Maßnahmen beeinflussen.

6 Bestandsanalyse deutscher Unternehmen im Bereich der erneuerbaren Energietechnologie in Indien

Während bislang der Schwerpunkt der Studie auf dem indischen Markt für erneuerbare Energien lag, stehen nun die deutschen Unternehmen im Vordergrund, die sich im Bereich der erneuerbaren Energietechnologie bereits in Indien engagieren. Dabei ist nicht nur von Interesse, welche Unternehmen vor Ort aktiv sind, sondern auch welche strukturellen Eigenschaften und regionalen Verteilungsmuster sie aufweisen.

6.1 Vorgehen und Datenlage

Zu den deutschen Unternehmen vor Ort zählen im Rahmen dieser Studie Firmen, die einerseits in der Branche der erneuerbaren Energietechnologie tätig sind, sich andererseits in Form eines Vertriebsbüros, *Joint Ventures* oder einer eigenen Tochtergesellschaft in Indien positioniert haben oder sich in einer laufenden Gründungsphase befinden. Das schließt auch Unternehmen ein, die ihren Vertrieb und die Projekte über das Büro eines deutschen Partners vor Ort abwickeln.

Den Anfang der Bestandsanalyse bildet eine möglichst vollständige Erfassung der deutschen Unternehmen. Dazu wurden sowohl Pressemitteilungen als auch Angaben verschiedener Institutionen aus dem Bereich der erneuerbaren Energietechnologie ausgewertet. Die Grundlage der Bestandserhebung bildet eine auf Anfrage erstellte Liste der *Deutsch-Indischen Handelskammer*. Überprüft und ergänzt wurde die Aufzählung durch Angaben der DENA, des *Bundesverbandes Erneuerbare Energie* sowie der Bundesverbände der Teilbranchen. Darüber hinaus wurde im April auf der *Hannover Messe 2008* eine mündliche Umfrage unter den ausstellenden erneuerbare Energietechnologiefirmen durchgeführt, um herauszufinden, ob sie bereits in Indien engagiert sind. Abgeschlossen wurde die Bestands- und Datenerhebung im November 2008.

Während sich die Erhebung der Firmen, die komplette Anlagen unter ihrem Namen in Indien vertreiben, als weniger problematisch gestaltete, war das

Wissen über die Tätigkeit von Technologiezulieferern und Komponentenherstellern, die an indische Kunden verkaufen, meist gering. Daher ist es möglich, dass bei der Bestandserhebung einzelne Unternehmen nicht berücksichtigt werden konnten.

Die Analyse der Struktur der Unternehmen und der regionalen Verteilung beruht in erster Linie auf den Angaben der Firmenhomepages.

6.2 Struktur der Unternehmen

Die Bestandserhebung hat ergeben, dass sich bislang acht deutsche Unternehmen aus dem Bereich der erneuerbaren Energietechnologie in Indien positioniert haben (vgl. Tabelle 5).

Mit drei deutschen Unternehmen vor Ort in Indien stellt die Windenergiebranche die zahlenmäßig am stärksten vertretene Richtung dar. Dies spiegelt die große Bedeutung der Windenergie mit 71% der Stromerzeugungskapazität im Vergleich zu den anderen Teilbranchen auf dem indischen Subkontinent wider. Zwei Unternehmen haben sich jeweils aus den Bereichen Bio- und Solarenergie angesiedelt sowie eine Firma aus der Branche der Wasserkrafttechnologie. Bislang sind noch keine deutschen Unternehmen aus den Richtungen Geothermie und Gezeitenkraftwerke in Indien tätig.

Tabelle 5: Deutsche erneuerbare Energietechnologiefirmen in Indien

Firma	Vor Ort seit	Rechtsform	Tätigkeit	Leistungen
Windkraft				
Enercon	1994	eigene Tochtergesellschaft	Vertrieb, Produktion sowie Forschung & Entwicklung	Endprodukte und Projektumsetzung
Bosch Rexroth	Ende der 1990er	eigene Tochtergesellschaft	Vertrieb	Komponentenzulieferer
Winergy	2005	eigene Tochtergesellschaft	Vertrieb und Produktion	Komponentenzulieferer
Wasserkraft				
Voith Hydro	2002	eigene Tochtergesellschaft	Vertrieb und Forschung & Entwicklung	Endprodukte und Projektumsetzung
Solarenergie				
SCHOTT Solar (SCHOTT Glas)	2000	eigene Tochtergesellschaft	Vertrieb	Komponentenzulieferer
Conergy	2005	eigene Tochtergesellschaft	Vertrieb und Produktion	Endprodukte
Bioenergie				
EnviTec Biogas	2006	Joint Venture	Vertrieb und Produktion	Endprodukte und Projektumsetzung
Biogas Nord/ Enersearch	2007	Joint Venture (geplant)	Vertrieb	Endprodukte und Projektumsetzung

Quelle: eigene Darstellung

Die erste deutsche Firma, die sich in Indien bereits 1994 positioniert hat, ist das Windenergieunternehmen *Enercon GmbH.* Heute zählt die Firma mit 10 Niederlassungen und einem Marktanteil von 24% in 2006 (vgl. LEWIS 2007: 7) zu den drei größten Unternehmen der Windenergiebranche auf dem indischen Markt. Die vertikal integrierte Firma deckt weite Teile der Wertschöpfungskette ab, indem sie nicht nur in Indien produziert und Windkraftanlagen vertreibt, sondern auch Windparks im Auftrag von Investoren betreibt und wartet sowie einen Forschungs- und Entwicklungsstandort aufgebaut hat.

Ebenfalls noch in den 1990er Jahren eröffnete der Komponentenzulieferer *Bosch Rexroth AG* eine Vertriebsniederlassung in der Rechtsform einer 100%igen Tochtergesellschaft in Indien. Mittlerweile ist die Firma an fünf

Standorten in Indien vertreten. Das Unternehmen stellt Getriebe für die Windindustrie her.

Als dritte Firma im Bereich Windenergie hat sich 2005 der Komponentenhersteller *Winergy AG* sowohl mit einem Vertriebsbüro als auch mit einer eigenen Produktion in Indien angesiedelt.

Das einzige deutsche Unternehmen in der Branche der Wasserkrafttechnologie stellt die Firma *Voith Hydro Holding GmbH & Co. KG* dar, die in Rechtsform einer *Private Limited* in Indien tätig ist. Sie ist zusammen mit *Enercon* das einzige deutsche Unternehmen, das vor Ort eine Forschungsabteilung aufgebaut hat. Bislang vertreibt *Voith Hydro* seine Endprodukte in Indien und führt Projekte sowohl im Kleinkraftwerksbereich als auch in der Größenordnung über 25 MW durch.

Als 100%iges Tochterunternehmen der *SCHOTT AG* nutzt *SCHOTT Solar* seit dem Jahr 2000 das Vertriebsbüro des Mutterkonzerns in Indien. Die Firma hat sich vor Ort als Zulieferer in der Solarbranche auf den Vertrieb von Solarzellen spezialisiert.

Die *Conergy Group* stellt in der Einordnung der Branchen einen Sonderfall dar, weil sie auch kleine Windkraftanlagen in Verbindung mit Hybridsystemen aus Solarenergie anbietet. Da sie ansonsten auf verschiedenste Anlangen der Solartechnik spezialisiert ist, wird *Conergy* in der vorliegenden Analyse zur Solarbranche gezählt. *Conergy* verkauft und produziert in Indien an sieben Standorten sowohl Komplettlösungen im Bereich der Elektrizitätserzeugung *on and off-grid* als auch der dezentralen Energieversorgung wie *solar home systems and solar cooking.*

Die zwei Unternehmen aus dem Bereich Bioenergie stehen erst am Anfang ihres Engagements auf dem indischen Markt. Beide sind auf den Vertrieb und die Projektumsetzung von Biogasanlangen spezialisiert. 2006 begann die Firma *EnviTech Biogas AG* ihre Markterschließung, indem sie zusammen mit einem indischen Partner ein *Joint Venture* zu jeweils gleichen Teilen gründete. Mittlerweile hat das Unternehmen drei Niederlassungen eröffnet. Alle Anlagen produzieren Strom, der in das öffentliche Netz eingespeist wird.

Das Unternehmen *Biogas Nord* AG ist mit dem Partner *EnerSearch* seit 2007 in Indien tätig. Derzeit befindet sich das Unternehmen in der Gründungsphase eines *Joint Ventures* mit einem indischen Partner. Die Biogasanlagen der Firma produzieren *bio natural gas*, das für Kraftfahrzeuge als Treibstoff aufgearbeitet wird. Damit stellen die Unternehmen aus der Branche Bioenergie die zwei einzigen Firmen dar, die sich über ein *Joint Venture* auf dem indischen Markt positionieren.

Die Analyse der einzelnen Unternehmen im Bereich der erneuerbaren Energietechnologie zeigt, dass bereits vier der neun Firmen einen Teil ihrer Produktion nach Indien verlegt haben und ein Unternehmen dies innerhalb der nächsten 12 Monate plant. Darüber hinaus haben zwei Firmen einen Forschungs- und Entwicklungsstandort gegründet. Beide Faktoren sind Indizien für einen hohen Markterschließungsgrad und eine langfristig ausgerichtete Positionierung in Indien.

Insgesamt wird der Markt sowohl von deutschen Komponentenzulieferern als auch von Unternehmen erschlossen, die Endprodukte absetzen und Projekte in Indien durchführen.

Indien ist in der Sparte der erneuerbaren Energietechnologie für deutsche Unternehmen ein sehr junger Markt. Vor 14 Jahren begann als erste Firma der Windkraftanlagenhersteller *Enercon* mit der Markterschließung vor Ort. Fünf der neun Unternehmen haben sich seit 2005 in Indien positioniert und befinden sich damit noch in der Anfangsphase ihres Engagements.

Da in den seltensten Fällen Unternehmen genaue Daten zum Umfang ihrer geschäftlichen Tätigkeit in Indien bereitstellen, kann nur die Anzahl der Niederlassungen jeder Firma als Anhaltspunkt ausgewertet werden. Mit 10 Standorten steht *Enercon* an der Spitze der Zahl der Niederlassungen, gefolgt von *Conergy* mit sieben Standorten. *Bosch Rexroth* hat derzeit fünf Geschäftsstellen eröffnet, und die Firma *EnviTech Biogas* betreibt drei Büros auf dem Subkontinent. Die restlichen vier Unternehmen haben laut Angaben auf ihren Internetseiten jeweils eine Niederlassung in Indien aufgebaut.[8]

---

[8] Eine Liste mit der Anzahl der Standorte und Angaben zu den Städten und Bundesstaaten, in denen sich die einzelnen Firmen niedergelassen haben, befindet sich in Anhang.

Für die Analyse der Erfahrungen der vor Ort tätigen Unternehmen zum indischen Markt für erneuerbare Energien in Kapitel 7.3 ist es hilfreich, die Größenstruktur der Firmen in Deutschland zu erheben. Dazu wird die Definition der *EU-Kommission* zugrunde gelegt, die den Mittelstand (KMU) auf eine Größenordnung von unter 250 Beschäftigten, einen Jahresumsatz von unter 50 Mio. Euro und/oder einer Bilanzsumme von unter 43 Mio. Euro p.a. festlegt. Darüber hinaus gelten Unternehmen, die zu einer Unternehmensgruppe gehören, nicht als KMU (vgl. EUROPÄISCHE KOMMISSION 2003). Dieser Zusatz ist für die vorliegende Studie von Bedeutung, da Tochterunternehmen meist die Möglichkeit haben, die Strukturen, Netzwerke und den Namen des Mutterkonzerns vor Ort bei einem Markteinstieg zu nutzen, was gerade in der Anfangsphase einen entscheidenden Vorteil darstellen kann.

Auf Grundlage der Maßstäbe der *EU-Kommission* ist lediglich ein Unternehmen, die Firma *Biogas Nord*, dem Mittelstand zuzurechnen. Vier der Unternehmen gehören einer Unternehmensgruppe an und ebenfalls vier überschreiten laut Angaben ihrer Finanzberichte auf den Unternehmenshomepages die quantitativen Größenstrukturen.

6.3 Regionale Verteilung

Aufgrund der räumlichen Ausmaße des Landes ist es von Bedeutung zu erfahren, wo die deutschen Unternehmen sich bislang in Indien niedergelassen haben und ob sich bereits bestimmte regionale Schwerpunkte herausbilden.

Die acht deutschen Unternehmen haben insgesamt 29 Niederlassungen in 13 der 28 indischen Bundesstaaten und sieben Unionsterritorien eröffnet. Die meisten Niederlassungen sind im Bundesstaat Maharashtra zu finden. Zweidrittel der Unternehmen haben mindestens eine Niederlassung dort aufgebaut. Dabei fallen vier Büros auf die Metropole Mumbai und zwei auf Pune, eine der derzeit am schnellsten wachsenden Städte Indiens. Einen zweiten Schwerpunkt bildet die *Delhi Capital Region* (DCR), die Teile der Bundesstaaten Haryana, Uttar Pradesh und das Unionsterritorium Delhi umfasst. Drei Firmen haben in Delhi einen Standort eröffnet, während zwei Unternehmen sich für die Satellitenstadt NOIDA im Bundesstaat Uttar Pradesh entschieden haben. Günstige Grundstückspreise und steuerliche Vorteile bei gleichzeitig relativ guter Verkehrsanbindung an die Bundeshauptstadt haben dazu geführt, dass sich in den letzten Jahren große Geschäfts- und Industriegebiete kurz hinter der Grenze der Hauptstadt gebildet haben. Ebenfalls einen Schwerpunkt mit fünf Niederlassungen deutscher Firmen stellt der Bundesstaat Karnataka im Süden Indiens dar. Dabei konzentrieren sich alle Unternehmen auf die Stadt Bangalore. Die IT-Hochburg des Landes ist besonders für ein breites Angebot an hoch ausgebildeten Fachkräften bekannt. Nicht mehr ganz so groß ist mit drei Niederlassungen der Schwerpunkt im Bundesstaat Tamil Nadu. Zwei Unternehmen haben einen Standort in Chennai (früher Madras), der viertgrößten Stadt Indiens an der Küste zum Golf von Bengalen gegründet. Eine Niederlassung ist in Coimbatore zu finden. Mit jeweils zwei Firmenniederlassungen folgen die beiden Bundesstaaten Westbengalen und Gujarat. In Westbengalen befinden sich beide Standorte in der ehemaligen Kolonialhauptstadt Kolkata, dem einstigen Zentrum der Juteindustrie, in dem die kommunistische Landesregierung seit einigen Jahren bemüht ist, neue Technologien anzusiedeln. In den beiden Städten Vadodara und Ahmedabad befinden sich die zwei Niederlassungen des Bundesstaates Gujarat, der für sein Unternehmertum in Indien bekannt ist. Jeweils ein Unternehmen hat einen Standort in den Bundesstaaten Jammu & Kashmir, Chhattisgarh, Punjab, Andhra Pradesh, Rajasthan und dem Unionsterritorium Daman & Diu eröffnet (siehe Anlage 1 im Anhang).

Abbildung 6 zeigt, dass die Schwerpunkte der Niederlassungen deutscher Unternehmen aus dem Bereich der erneuerbaren Energietechnologie inselartig auf dem indischen Subkontinent verteilt sind. Zudem konzentrieren sich die Standorte innerhalb der Bundesstaaten und Regionen meist auf einzelne Städte wie in den Fällen Maharashtra, Karnataka und *Delhi Capital Region.*

Abbildung 6: Standorte deutscher Firmen im Bereich der erneuerbaren Energien

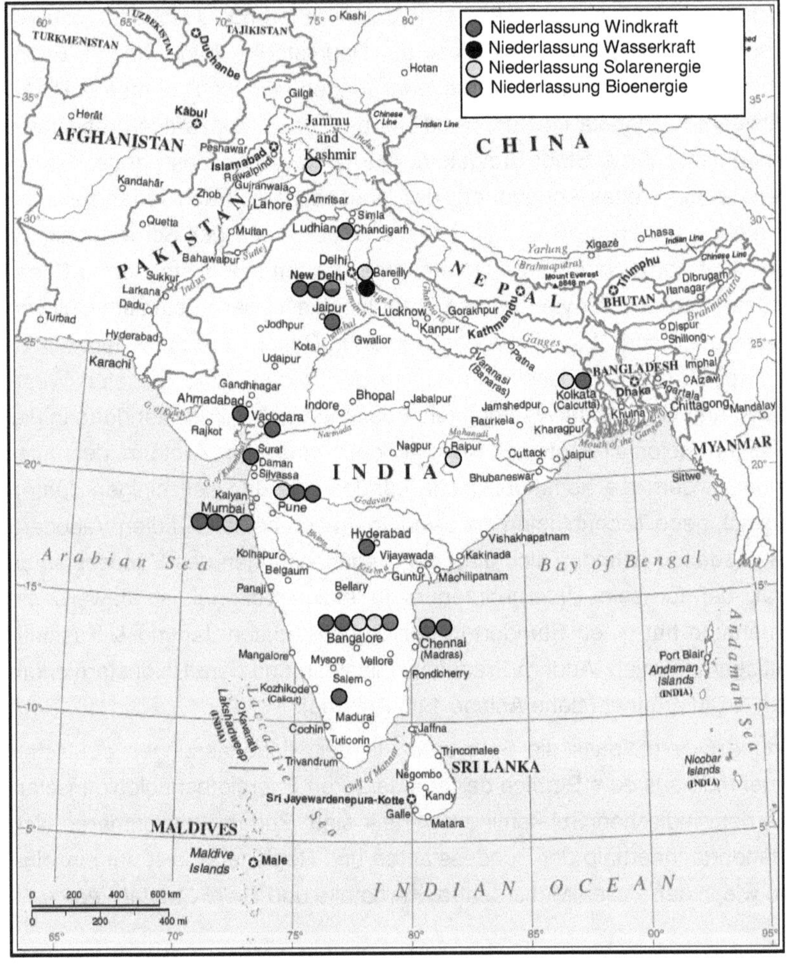

Quelle: eigene Darstellung auf Grundlage der UN-Karte *South Asia*

Neben der allgemeinen räumlichen Verteilung der Niederlassungen ist nun zu prüfen, ob Unternehmen der vier unterschiedlichen Teilbranchen in verschiedenen Bundesstaaten bevorzugt Standorte eröffnen.

Die Betrachtung der drei Schwerpunkte Maharashtra, Karnataka und *Delhi Capital Region*, in denen sich mehr als fünf Unternehmen niedergelassen haben, zeigt, dass dort keine der Branchen vorherrschend ist (vgl. Tabelle 6). Anders sieht es in den kleineren Schwerpunkten Tamil Nadu und Gujarat aus. Hier haben sich ausschließlich Firmen der Windkrafttechnologie angesiedelt. Besonders Tamil Nadu aber auch Gujarat gelten aufgrund der vorteilhaften Windverhältnisse und politischen Förderbedingungen als Zentren der Windindustrie.

Tabelle 6: Regionale Schwerpunkte nach Branchen

Regionale Schwerpunkte	
Staat	**Anzahl der Niederlassungen in den einzelnen Branchen**
Maharashtra	3 Windkraft; 2 Solarenergie; 1 Bioenergie
DCR	2 Windkraft; 1 Wasserkraft; 1 Solarenergie; 1 Bioenergie
Karnataka	2 Windkraft; 2 Solarenergie; 1 Bioenergie
Tamil Nadu	3 Windkraft
Gujarat	2 Windkraft
Westbengalen	1 Windkraft; 1 Solarenergie

Quelle: eigene Darstellung

Im Vergleich mit den natürlichen Rahmenbedingungen, den Expertengesprächen sowie den Firmeninterviews wird zu prüfen sein, welche Faktoren Gründe für die Standortwahl der Unternehmen liefern können.

Trotz der angestrebten vollständigen Bestandserhebung ist es schwierig, bedingt durch die geringe Fallzahl, allein durch die Erhebung der strukturellen Eigenschaften und regionalen Verteilungen der deutschen Unternehmen allgemeingültige Aussagen zu den Gegebenheiten und Anforderungen des indischen Marktes für erneuerbare Energien in Bezug auf deutsche Unternehmen zu treffen.

7 Der indische Markt für erneuerbare Energien aus Sicht verschiedener Akteure

Wie die bisherigen Analysen der Rahmenbedingungen und der Entwicklung des Marktes für erneuerbare Energien aus verschiedenen Literaturquellen gezeigt haben, ist der indische Markt nicht nur für die einzelnen Branchen sondern auch für die verschiedenen Bundesstaaten sehr differenziert zu betrachten.

Die Analyse der empirischen Erhebung soll nun zeigen, wie sowohl einzelne Experten, die sich beruflich von unterschiedlichen Standpunkten aus mit dem Thema erneuerbare Energien in Indien befassen, als auch deutsche Unternehmen vor Ort den indischen Markt bewerten und welche Erfahrungen sie gemacht haben.

Dabei dienen die Experteninterviews zunächst dazu, nähere Informationen über die allgemeine Situation in Indien und die der deutschen Unternehmen zu erfahren sowie die Möglichkeiten, Probleme und Zukunftsperspektiven abzuschätzen. Auf Grundlage der explorativen Expertengespräche wurde daraufhin der Fragenkatalog für die stärker strukturierten Unternehmensbefragungen ausgearbeitet und die Befragung der Firmen durchgeführt.

7.1 Die Einschätzung verschiedener Experten

Für die Expertengespräche wurden 13 Interviews mit Gesprächspartnern aus den Bereichen Energiepolitik, Forschung, Entwicklungszusammenarbeit, Wirtschafts- und Exportförderung sowie zwei private Unternehmen befragt. Tabelle 7 gibt einen Überblick über die befragten Experten, ihre Position und die dahinter stehende Institution.[9]

[9] Obwohl die Aussagen der Expertengespräche persönliche Meinungen und Erfahrungen darstellen, werden diese durch die entsprechende Institution geprägt. Daher befindet sich eine kurze Beschreibung der einzelnen Institutionen im Anhang. Die transkribierten Interviews/ Mitschriften liegen der Autorin vor.

Tabelle 7: Interviewpartner der Expertengespräche

Organisation/ Unternehmen	Interviewpartner	Position
Deutsche Energie-Agentur (DENA)	2 Mitarbeiterinnen	Project Managers
Bundesagentur für Außenwirtschaft (Bfai)	Herr Alex	Correspondent
Gesellschaft für technische Zusammenarbeit (GTZ)	1 Mitarbeiter	Coordinator
Deutsche Investitions- und Entwicklungsgesellschaft (DEG)	Herr Dr. Pleister	Director DEG Office New Delhi
Kreditanstalt für Wiederaufbau (KfW)	Herr Reddy	Programme Officer Energy
EnergieAgentur.NRW	Herr Lintker	Project Manager Foreign Affairs
Deutsch-Indische Handelskammer (IGCC)	Herr Rodewald	Environmental Area Manager
Bridge to India	Herr Dr. Engelmeier	Managing Director
Suzlon	1 Mitarbeiter	Head Strategy and Planning
Maharashtra Energy Development Agency (MEDA)	Herr Dr. Kumar	Director
The Energy and Resources Institute (TERI)	1 Mitarbeiter	Fellow & Area Convenor
Ministry for New and Renewable Energy (MNRE)	1 Mitarbeiter	Programme Director
Indian Renewable Energy Development Agency (IREDA)	2 Mitarbeiter	Deputy Manager/ Sr. Manager

Quelle: eigene Darstellung

Bei den privaten Unternehmen handelt es sich zum einen um den indischen Windanlagenhersteller *Suzlon*, der mit einem Marktanteil von über 50% in Indien (vgl. LEWIS 2007: 5) nicht nur einen der größten Konkurrenten für deutsche Unternehmen in diesem Segment darstellt, sondern als erstes indisches Energietechnologieunternehmen im Jahr 2007 mit *REpower* eine deutsche Firma in dieser Branche übernommen hat. Zum anderen wurde mit *Bridge to India* ein deutsch-indisches Beratungsunternehmen interviewt, das sich auf die Realisation von Projekten im Bereich erneuerbare Energietechnologie spezialisiert hat. Diese privaten Unternehmen wurden hinzugezogen, um einen vielschichtigen Einblick in die Marktgeschehnisse zu erhalten.

Während die meisten Institutionen in den Staaten auf Bundesebene angesiedelt sind wie die *Deutsch-Indische Handelskammer* (IGCC) oder das MNRE, sind zwei Organisationen beispielhaft mit in den Expertenkreis einbezogen worden, die auf Landesebene eingeordnet werden. Auf deutscher Seite handelt es sich dabei um die *EnergieAgentur.NRW*, da das Bundesland Nordrhein-Westfalen Indien als Schwerpunktland auserwählt hat und besonders im Energietechnologiebereich bereits über Erfahrungen aus Projekten und Patenschaften in Indien verfügt. Die *Maharashtra Energy Development Agency* (MEDA) wurde als indische Institution interviewt, weil die Regierung des Bundesstaates Maharashtra eine der proaktivsten Indiens ist und sowohl die wirtschaftlichen als auch die natürlichen und politischen Rahmenbedingungen für erneuerbare Energietechnologieunternehmen gute Möglichkeiten bieten. Sechs der acht deutschen Unternehmen, die bereits eine Niederlassung in Indien gegründet haben, haben einen Standort in diesem Bundesstaat.

Es wurde auf eine Einteilung oder Gruppenbildung der Interviewpartner verzichtet, da keine vergleichenden Verallgemeinerungen aus den qualitativen, sehr offenen Interviews gezogen werden sollen, sondern inhaltliche Aussagen der einzelnen Interviewpartner von Interesse sind. Außerdem lassen sich die Institutionen oft nicht nur einem Bereich wie Politik, Forschung oder Wirtschafts- Entwicklungs- und Exportförderung zuordnen.

In den folgenden drei Unterkapiteln werden die Möglichkeiten, Probleme und Hemmnisse sowie die Zukunftsperspektiven des indischen Marktes für erneuerbare Energien allgemein und bezogen auf deutsche Unternehmen der Branche auf der Grundlage der Meinung der Experten analysiert.

7.1.1 Möglichkeiten auf dem Markt für erneuerbare Energien

Bei der Entscheidung eines Unternehmens zur Markterschließung eines neuen Landes spielen Kenntnisse über die Möglichkeiten und Vorteile, die der Markt den Unternehmen derzeitig oder in einem kurzen Planungshorizont von ein bis zwei Jahren bietet, eine wichtige Rolle. Diese Einschätzungen der Experten werden im Folgenden unter verschiedenen Kategorien analysiert. Neben den allgemeinen Möglichkeiten und Vorteilen des indischen Marktes für erneuerbare Energien und den Möglichkeiten speziell für deutsche Technologieunternehmen werden die Bewertungen der Experten zu den einzelnen Branchen der erneuerbaren Energien untersucht. Ferner wird in der Analyse zwischen den positiven Rahmenbedingungen, geographischen Gunstregionen sowie den speziellen Fördermöglichkeiten für deutsche Unternehmen unterschieden. Daran anschließend wird die Frage behandelt, welche Unternehmensformen aus Sicht der Experten für den Markteinstieg in Indien derzeit gute Möglichkeiten bieten. Den Abschluss bilden die Untersuchungen der Expertenmeinungen zu den Voraussetzungen, die die deutschen Firmen für eine erfolgreiche Marktpositionierung mitbringen sollten und zu einer Bewertung des derzeitigen Engagements der deutschen Unternehmen.

Allgemeine Möglichkeiten und Vorteile des indischen Marktes im Bereich der erneuerbaren Energien

Bei der Frage, welche Vorteile für Indien allgemein als Zielmarkt für Investitionen im Bereich erneuerbare Energietechnologie sprechen und wo genau derzeit die Möglichkeiten liegen, werden von den Experten vielfältige Argumente angeführt. Das große Energiedefizit und eine stetig gestiegene Nachfrage nach Energie, die durch das anhaltende Bevölkerungswachstum und die Industrialisierung gestützt werden, werden von einer Vielzahl der Interviewpartner als wichtige Vorteile für das Engagement in Indien genannt (bspw. Interviews Mitarbeiter SUZLON 2008 u. TERI 2008).[10]

Die politische Förderung von erneuerbaren Energien, die eine Grundvoraussetzung zur Etablierung von entsprechenden Technologieunternehmen darstellt, wird von vielen Experten als positiv bewertet. Bei der politischen Förderung werden besonders die staatliche Hinwendung zur dezentralen Strom-

---

[10] Eine genaue Quantifizierung der Nennungen scheint bei den explorativen Interviews wenig sinnvoll, da wenige Kategorien in allen 13 Interviews angesprochen wurden. Zur besseren Einordnung wurde dennoch eine grobe Differenzierung vorgenommen: Bei den Begriffen „wenige“ „vereinzelt“ und „einzelne“ handelt es sich um ein bis zwei Experten. „Einige“ „mehrere(n)“, bzw. „mehrfach“ bedeutet drei bis vier, „viele“, „vielfach“ „häufig“ bzw. „ein Großteil“ sind gleichzusetzen mit fünf bis sechs Nennungen der Experten und „die Mehrheit“ bzw. „die meisten“ bedeutet, dass mindestens sieben Experten den Sachverhalt benannt haben.

versorgung (*microgrids* und ländliche Elektrifizierung), die derzeitige Etablierung von *Special Economic Zones* (SEZ) für erneuerbare Energien, die Kommerzialisierungsbestrebungen des Staates und die *Electricity Act* von 2003 als Vorteile für die erneuerbaren Energien hervorgehoben (vgl. bspw. Interviews Mitarbeiter GTZ 2008; RODEWALD 2008).

Neben den staatlichen Stromabnehmern sehen mehrere Experten derzeit gute Möglichkeiten für Projekte mit privaten Abnehmern. Unter dem Stichwort *Captive Power Plants* ist es seit der *Electricity Act* von 2003 heute auch privaten Unternehmen möglich, die unabhängig von der schwankenden Stromversorgung des öffentlichen Netzes sein wollen, Strom vor Ort erzeugen zu lassen. Die Zahl dieser privaten Projekte ist in den vergangen Jahren kontinuierlich gestiegen (vgl. bspw. Interviews LINTKER 2008; ALEX 2008).

Nach Einschätzung der Mitarbeiter der IREDA und des MNRE besteht momentan die größte Nachfrage nach kleineren Projekten im Bereich zwischen 1 und 10 MW, die sowohl für private Kunden als auch für ländliche Elektrifizierung von Interesse sind (vgl. Interviews Mitarbeiter MNRE 2008 u. IREDA).

Weitere Möglichkeiten, die Indien für Unternehmen bietet, sind nach Meinung einiger Experten Projekte im Zusammenhang mit dem *Clean Development Mechanism* (CDM). Durch den Verkauf der Zertifikate an Firmen aus Annex-II Staaten wird die heute noch recht teure Technologie im Vergleich zum Einsatz konventioneller Energietechnologien wettbewerbsfähig (vgl. bspw. Interviews REDDY 2008; Mitarbeiter GTZ 2008).

Als weitere Vorteile im Vergleich zu China und anderen *emerging markets* werden Englisch als Hauptsprache der Geschäftswelt und das verlässliche Rechtssystem genannt (vgl. Interview Mitarbeiter IREDA 2008).

Der Leiter der Abteilung Strategie und Planung der Firma *Suzlon* betont in seinem Interview als allgemeinen Vorteil für Indien die niedrigen Produktionskosten bei einem großen Angebot an Arbeitskräften (vgl. Interview Mitarbeiter SUZLON 2008). Allerdings sagt das theoretische Potenzial an Arbeitskräften nichts darüber aus, ob diese den Anforderungen der Arbeitgeber genügen.

Möglichkeiten und Vorteile deutscher Unternehmen aus dem Bereich der erneuerbaren Energien in Indien

Interessant im Hinblick auf die Internationalisierungsbestrebungen von Unternehmen aus Deutschland sind die Möglichkeiten und Vorteile, die der indische Subkontinent speziell für deutsche erneuerbare Energietechnologiefirmen aus Sicht der Experten bereithält.

Der sehr gute Ruf und das hohe Ansehen deutscher Technologien im Bereich Qualität und Verlässlichkeit zusammen mit der großen Erfahrung über die die Firmen in der Branche der erneuerbaren Energien verfügen, werden von den meisten Experten übereinstimmend als Vorteil für die Etablierung genannt (vgl. bspw. Interviews KUMAR 2008; RODEWLD 2008; REDDY 2008).

Da einheimische Unternehmen nach Angaben des Mitarbeiters des MNRE noch ein Wissensdefizit im Bereich der erneuerbaren Energietechnologien haben, bestehen durch den derzeitigen Technologievorsprung deutscher Unternehmen heute gute Möglichkeiten für einen Markteintritt (vgl. Interview Mitarbeiter MNRE 2008). Herr Dr. ENGELMEIER sieht bedingt durch den Technologievorteil derzeit ein Zeitfenster von zwei bis drei Jahren für einen Markteinstieg (vgl. Interview ENGELMEIER 2008). Deutsche Unternehmen haben besonders bei Projekten Vorteile, bei denen Ingenieursleistungen von Bedeutung sind und Technologietransfer stattfindet (vgl. Interviews ALEX 2008; LINTKER 2008). Eine abweichende Meinung wird lediglich von einem Experten geäußert, der der Meinung ist, dass Indien selbst bereits über alle hochwertigen Technologien im Bereich der erneuerbaren Energien verfügt und daher deutsche Unternehmen nicht unbedingt besondere Möglichkeiten in Indien haben würden. Für ihn sind niedrige Kosten der Projekte und Einzelprodukte der entscheidende Faktor für die Marktetablierung (vgl. Interview Mitarbeiter TERI 2008).

Herr ALEX, Korrespondent der *Bundesagentur für Außenwirtschaft* in Neu Delhi, sieht gute Möglichkeiten für deutsche Unternehmen im Rahmen privater Projekte, da die Ausschreibungen im Vergleich zu staatlichen Aufträgen unkomplizierter und transparenter sind. Private Unternehmen sind, anders als bei öffentlichen Ausschreibungen, bei denen immer der niedrigste Preis zählt, nicht an *lowest price bitting* gebunden (vgl. Interview ALEX 2008).

Die große Übereinstimmung der Experten in Bezug auf den guten Ruf, die Erfahrung und Qualität der deutschen Produkte zeigt, dass hier wichtige Vorteile bestehen, die die Etablierung der Unternehmen in Indien erleichtern können.

Möglichkeiten der einzelnen Teilbranchen der erneuerbaren Energien

Da die Branche der erneuerbaren Energien in verschiedene Wirtschaftszweige wie Windkraft- oder Solartechnologie unterteilt wird, die wiederum unterschiedliche Möglichkeiten in Indien vorfinden, ist es sinnvoll, für eine differenzierte Analyse die Beurteilungen der Experten getrennt nach Branchen zu untersuchen. Während einzelne Interviewpartner die Möglichkeiten für die Branchen Wind, Solar, Wasserkraft und Bioenergie gleich gut einschätzen (vgl. Interview Mitarbeiter TERI 2008), stellen die meisten befragten Personen Unterschiede für die einzelnen Branchen heraus.

Die Branche der Windenergie wird häufig als am wenigsten interessant für Neueinsteiger genannt. Dies hängt zum einen damit zusammen, dass dieser Markt lediglich zwischen drei großen Firmen aufgeteilt ist, die den Markteintritt erschweren (vgl. Interview PLEISTER 2008). Zum anderen gibt der Mitarbeiter des MNRE zu bedenken: „The low hanging fruits are already used. India has just a medium level in wind potential." (Interview Mitarbeiter MNRE 2008). Windenergie ist die Form der erneuerbaren Energien, die von der Regierung am stärksten gefördert wird und ist damit bereits am weitesten ausgebaut (vgl. Interview ALEX 2008). Andere Stimmen sagen jedoch, dass trotz der Marktmacht der drei großen Unternehmen auch weiterhin nicht nur für Komponentenzulleferer am Markt Platz ist, sondern sich neue Firmen durch gute und günstige Qualität gegen die Konkurrenten durchsetzen können (vgl. Interviews REDDY 2008; RÖDEWALD 2008).

Positiv bewertet werden die derzeitigen Möglichkeiten für Wasserkrafttechnologie. Dazu tragen zwei wesentliche Faktoren bei. Zum einen können kleine Wasserkraftanlagen helfen, die ländliche Energieversorgung entlang der Flüsse zu optimieren (vgl. Interview LINTKER 2008). Zum anderen interessieren sich verstärkt Industrieunternehmen für Wasserkraftanlagen als Geldanlagemodell alternativ zur Windkraft. Für die DEG ist *Hydro* als Investition am interessantesten (vgl. Interview PLEISTER 2008). Obwohl auch der Wasserkrafttechnologiemarkt in Indien von wenigen Firmen dominiert wird, wird die Marktmacht der etablierten Konkurrenten nicht als Barriere genannt. Anders als bei der Wasserkraft werden die Wartung und der Betrieb von Windparks von den Windkraftanlagenherstellern übernommen, wodurch hohe finanzielle und personelle Ressourcen benötigt werden. Da die Kunden Windkraftanlagen als langfristiges Geldanlageprojekt sehen, ist der gute Ruf und die Erfahrung der Technologiefirma besonders wichtig (vgl. Interview Mitarbeiter SUZLON). Bei Wasserkraftprojekten hingegen wird die Anlage nach kurzer Zeit an Projektbetreiber übergeben. Die Markteintrittsbarrieren dürften daher nicht ganz so hoch sein.

Für Solarenergie, die bislang im Vergleich zu den drei untersuchten erneuerbaren Energien am geringsten ausgebaut ist, bewerten die Experten die Möglichkeiten derzeit sehr unterschiedlich. Einig sind sich die meisten Interviewpartner darin, dass die Solartechnologie in Zukunft gute Chancen in Indien hat. Aber derzeit ist für viele die Technologie noch zu teuer, um interessant für Bundesstaaten und private Abnehmer zu sein. Die größten Möglichkeiten werden in der ländlichen Elektrifizierung gesehen (vgl. bspw. Interviews ALEX 2008; PLEISTER 2008, RODEWALD 2008). Seit Anfang 2008 gibt es von der indischen Bundesregierung Vorgaben zu festen Einspeisetarifen für Solarstrom, die die Entwicklung in Indien vorantreiben können (vgl. Interview REDDY 2008). Inwieweit die festen Tarife in den einzelnen Bundesstaaten umgesetzt werden und ob der Preis hoch genug ist, um weitere Impulse zu setzen, bleibt derzeit noch abzuwarten.

Auch wenn sich die moderne Nutzung von Biomasse derzeit noch in der Anfangsphase befindet, schätzen die Experten die Möglichkeiten allgemein, besonders aber für deutsche Unternehmen, in Indien als positiv ein. Gerade im Bereich Bio- und Solarenergie haben die deutschen Unternehmen immer noch einen *first mover advantage,* so Herr RODEWALD. Als Begründung werden von ihm das weiterhin große Potenzial an biogenem Ausgangsmaterial durch die landwirtschaftliche Prägung Indiens genannt, sowie die Möglichkeiten des Einsatzes bei der ländlichen Elektrifizierung (vgl. Interview

RODEWALD 2008). Während Biogas technologisch bereits erfolgreich ist, ist die Rendite von Projekten mit thermischer Biomasse oft schwierig und die technische Umsetzung derzeit noch problematisch (vgl. Interviews PLEISTER 2008; Mitarbeiter IREDA 2008).

Insgesamt zeigt sich, dass alle vier untersuchten Formen der erneuerbaren Energien gute Möglichkeiten haben, auch wenn die einzelnen Experten teilweise unterschiedliche Schwerpunkte setzen.

Rahmenbedingungen für erneuerbare Energien in Indien

Die Rahmenbedingungen in Indien, die von den Experten als positiv für die Möglichkeiten der Marktpositionierung erneuerbarer Energietechnologieunternehmen hervorgehoben werden, decken sich im Wesentlichen mit den Ergebnissen der Literaturanalyse aus Kapitel 4.2.

Bei den natürlichen Rahmenbedingungen wird auf das große Potenzial in allen Sparten der erneuerbaren Energien hingewiesen, das laut Angaben von Herrn Dr. KUMAR bislang nur zu 10% ausgeschöpft wird (vgl. bspw. Interview KUMAR 2008).

Positiv wird bei den politischen Rahmenbedingungen herausgestellt, dass in der Politik zumindest offiziell die nötigen Strukturen und der Wille besteht, erneuerbare Energien zu fördern, um das allgemeine Energiedefizit zu verringern. Des Weiteren zählen zu den politischen Zielen von Energieimporten unabhängig zu werden, die ländliche Elektrifizierung und Entwicklung voranzutreiben und, wenn auch untergeordnet, zum Klimaschutz beizutragen. Besonders hervorgehoben werden dabei das MNRE, die festen Einspeisetarife, Steuervergünstigungen für Investitionen in erneuerbare Energien, Direktsubventionen, Zollerleichterungen und die *Electricity Act* von 2003 (vgl. bspw. Interviews ALEX 2008, REDDY 2008, Mitarbeiter SUZLON 2008 u. GTZ 2008).

Bei den wirtschaftlichen Rahmenbedingungen werden positiv das solide Wirtschaftswachstum, die Kommerzialisierung der erneuerbaren Energietechnologien und die stetige Industrialisierung genannt, die zu einem langfristigen

Anstieg der Nachfrage nach Energie führen werden (vgl. bspw. Interviews Mitarbeiter IREDA 2008 u. GTZ 2008).

Zu den gesellschaftlichen Rahmenbedingungen, die die Möglichkeiten der erneuerbaren Energien in Indien fördern, gehört zum einen die wachsende Mittelschicht als Nachfrager von Energie (vgl. Interview PLEISTER 2008) und zum anderen die allgemeine Akzeptanz der erneuerbaren Energien. Diese ist besonders dann hoch, wenn durch Technologie ein Mehrwert für die Bevölkerung entsteht (vgl. Interview LINTKER 2008). Herr REDDY führt die wachsende Unterstützung von erneuerbaren Energien auf die Sensibilisierung für Umweltprobleme und den Klimawandel durch die Medien zurück (vgl. Interview REDDY 2008).

Es ist darauf hinzuweisen, dass eine detaillierte Bewertung der Rahmenbedingungen eine Unterscheidung nach Branchen nötig machen würde. Da der Fokus der Studie auf allen Branchen liegt, in denen deutsche Unternehmen in Indien tätig sind, wird an dieser Stelle auf eine Differenzierung, wie von einigen Interviewpartnern vorgeschlagen, verzichtet.

Gunsträume für das Engagement im Bereich der erneuerbaren Energien

Wie bereits aus Kapitel 6.3 hervorgegangen ist, konzentrieren sich die Niederlassungen der deutschen Unternehmen in wenigen Bundesstaaten des Landes. Die Einschätzung der Experten bestätigt, dass, abgesehen von den Unterschieden durch die natürlichen Rahmenbedingungen, besonders die politischen, rechtlichen und infrastrukturellen Gegebenheiten in den Staaten die Möglichkeiten der Unternehmen beeinflussen (vgl. Interview RODEWALD 2008). Auf die Frage, welche Staaten des Subkontinentes gute Möglichkeiten für ein Engagement von Firmen im Bereich erneuerbare Energien bieten, zeigen sich einige Übereinstimmungen mit den Nennungen der Interviewpartner und den tatsächlichen Standorten der Unternehmen. Maharashtra wird neben Tamil Nadu und Punjab von sechs der neun Experten, die eine Unterscheidung der Staaten vornehmen konnten bzw. wollten, als Staat mit besonders guten Bedingungen genannt. In Tamil Nadu sind immerhin fünf Unternehmen angesiedelt, während in Punjab trotz der allgemein guten

Bewertung der Experten nur ein deutsches Unternehmen aus dem Bereich Bioenergie eine Vertriebsniederlassung eröffnet hat. Der Bundesstaat Karnataka wird von vier Experten als proaktiver Staat im Bereich der erneuerbaren Energien bezeichnet, was durch fünf eröffnete Büros deutscher Unternehmen untermauert wird. Während fünf Unternehmen sich in der *National Capital Region* (NCR) um die Stadt Neu Delhi angesiedelt haben, wird die Gegend nur von einem Experten als vorteilhafte Region angesehen. Rajasthan und Westbengalen sind darüber hinaus zwei Bundesstaaten, die von einigen Experten positiv hervorgehoben werden, auch wenn sich bislang erst einzelne deutsche Unternehmen dort niedergelassen haben.

Fördermöglichkeiten für deutsche Unternehmen

Bei der Frage nach den Fördermöglichkeiten speziell für deutsche Unternehmen in Indien wird besonders die *Exportinitiative Erneuerbare Energien* des *Bundesministeriums für Wirtschaft und Technologie* hervorgehoben, die hauptsächlich Informationen zu verschiedenen Zielländern und sachliche Unterstützung bereitstellt (vgl. Interviews Mitarbeiterin der DENA 2008, ALEX 2008). Technische Kooperationen werden von der *Deutschen Gesellschaft für technische Zusammenarbeit* (GTZ) in Indien angeboten. Programme zur finanziellen Förderung für Technologieunternehmen gibt es unter anderem von der *IPEX-Bank*, einer Untergruppe der *Kreditanstalt für Wiederaufbau* (KfW) (vgl. Interviews Mitarbeiter GTZ 2008, REDDY 2008). Sachliche Unterstützung und Betreuung vor Ort können darüber hinaus von der *Deutsch-Indischen Handelskammer* (IGCC) und privaten Beratungsunternehmen in Anspruch genommen werden (vgl. Interviews RODEWALD 2008; ENGELMEIER 2008). Herr Dr. PLEISTER sieht die Mittelstandsförderung für Indien insgesamt kritisch und ist der Meinung, dass es derzeit erfolgversprechender wäre, große deutsche Unternehmen aus dem Bereich der erneuerbaren Energien als Flaggschiffe in Indien zu etablieren, die mit mehr Ressourcen und Zeit ausgestattet sind (vgl. Interview PLEISTER 2008).

Unternehmensformen für deutsche Unternehmen in Indien

Ein wichtiger Faktor für eine erfolgreiche Marktpositionierung in Indien ist die Unternehmensform, mit der ein deutsches Unternehmen in Indien aktiv wird. Die beiden wichtigsten sind das *Joint Venture* und eine 100%ige Tochtergesellschaft. Aus den Expertenmeinungen lässt sich ableiten, dass weder die eine noch die andere Art generell vorzuziehen ist. Vielmehr muss je nach Zielsetzung und Ressourcenausstattung des deutschen Unternehmens entschieden werden (vgl. Interview ALEX 2008). Eine 100%ige Tochtergesellschaft bietet sich besonders bei großen Unternehmen an, die genügend finanzielle und personelle Ressourcen für einen Markteinstieg bereitstellen können bzw. wollen sowie an einer langfristigen Positionierung interessiert sind. Hier ist die Kontrolle über die Aktivitäten größer und das Risiko des Scheiterns durch Inkompatibilität der *Joint Venture* Partner wird verhindert (vgl. Interviews ENGELMEIER 2008, PLEISTER 2008).

Bei Unternehmen, die lediglich als Technologielieferant in den indischen Markt einsteigen wollen oder, wie viele mittelständische Unternehmen, nicht genügend Ressourcen zu Verfügung stellen können, um die hohen Markteinstiegskosten zu finanzieren, ist ein *Joint Venture* von Vorteil (vgl. Interview RODEWALD 2008). In welchem Verhältnis die Partner optimalerweise beteiligt sind, wird unterschiedlich bewertet. Während Herr ALEX eine 50/50 Verteilung ablehnt, halten die Interviewpartner des MNRE und der IREDA dieses Verhältnis für erfolgversprechend (vgl. Interviews ALEX 2008, Mitarbeiter MNRE 2008 u. IREDA).

Welche Form zukünftig bei deutschen Unternehmen vorherrschen wird, verdeutlicht Herr RODEWALD indem er sagt: „Die Tendenz deutscher Unternehmen in Indien geht zu 100%igen Unternehmungen, weil die Erfahrung zeigt, dass, wenn man nach Indien kommt, man mit ganzem Herzen, und nicht nur mit ganzem Herzen, sondern mit ganzer Aufmerksamkeit dabei sein muss, zumindest in den ersten 2–4 Jahren bis das Unternehmen etabliert ist und alle Anfangshürden überwunden sind.“ (Interview RODEWALD 2008). Das Zitat führt weiter zu der Überlegung, welche Voraussetzungen deutsche Unternehmen für eine erfolgreiche Marktpositionierung in Indien mitbringen sollten.

Erfolgsfaktoren für deutsche Unternehmen in Indien

Neben Eigenschaften wie Geduld, Zeit, Flexibilität, *Networking* und Preissensibilität, die generell für wirtschaftliche Aktivitäten in Indien als wichtig angesehen werden, werden von den Experten Erfolgsfaktoren genannt, die besonders auf die Branche der erneuerbaren Energietechnologie zutreffen (vgl. bspw. Interviews PLEISTER 2008, Mitarbeiter MNRE 2008). Mehrfach wird betont, dass die deutschen Produkte erfahrungsgemäß an die Gegebenheiten vor Ort angepasst werden müssen. Aufgrund des Einsatzes der Technologie zur Elektrifizierung ländlicher Gebiete müssen die Produkte in Bezug auf die optimale Größe, die oft geringer ist als bei deutschen Anlagen, verändert werden. Außerdem stellen die klimatischen Bedingungen unterschiedliche Anforderungen an das Material und die eingesetzte Technologie (vgl. Interview KUMAR 2008). Beispielsweise müssen Biogasanlagen auf die indischen Ausgangsprodukte wie Zuckerrohr umgerüstet und die Materialbeschaffenheit der Windturbinen an die heißen Temperaturen angepasst werden.

Gerade im Bereich der erneuerbaren Energien ist es entscheidend, dass die Produkte, die installiert werden, eine gewisse Wertschöpfung vor Ort erzeugen. Durch den *local content* wird die Akzeptanz und Unterstützung der Bevölkerung sichergestellt (vgl. Interview LINTKER 2008).

Da der Energieerzeugungssektor derzeit noch stark staatlich reguliert wird und staatliche Projekte für die Unternehmen lukrativ sein können, ist die Wahl eines lokalen Partners oder Mitarbeiters entscheidend für eine erfolgreiche Marktpositionierung seitens deutscher Unternehmen. Einheimische Fachkräfte verfügen über die nötigen Erfahrungen mit dem indischen Bürokratismus sowie den Gesetzen und Genehmigungen (vgl. Interview RODEWALD 2008).

Bedingt durch einige negative Erfahrungen und die Nutzenorientierung indischer Kunden, sieht einer der Interviewpartner eine Voraussetzung für den erfolgreichen Markteintritt deutscher Firmen in der Durchführung von Demonstrationsprojekten als Vertrauen schaffende Maßnahme (vgl. Interview Mitarbeiter TERI 2008).

Ein weiterer Faktor, der allgemein deutschen Unternehmen im Technologiebereich zu einem entscheidenden Vorteil im indischen Markt verhelfen kann, ist die Bereitstellung von preisgünstigem und zuverlässigem *after sale service* (vgl. Interview KUMAR 2008). Da technisch ausgebildete Fachkräfte in vielen Landesteilen fehlen, kann ein derartiges Angebot den Ruf der Technologie und der Firma entscheidend beeinflussen.

Mehrfach wird von den Experten die Bedeutung der Bereitstellung erheblicher menschlicher und finanzieller Ressourcen im Vergleich zu anderen *emerging markets* sowie des ernsthaften Interesses der Unternehmensführung, den indischen Markt zu erschließen, unterstrichen (vgl. bspw. Interviews ENGELMEIER 2008; RODEWALD 2008).

Ein Großteil der Interviewpartner bezeichnet kulturelle Sensibilität als einen entscheidenden Erfolgsfaktor für die Marktpositionierung, da Probleme auf zwischenmenschlicher Ebene in Indien oft zu langfristigen Hemmnissen führen können. Außerdem erleichtert ein kulturelles Feingefühl das Verständnis für den Markt und für die Bedürfnisse der Partner und Kunden (vgl. bspw. Interviews Mitarbeiterin der DENA 2008; LINTKER 2008).

Abbildung 7: Erfolgsfaktoren für eine Marktpositionierung in Indien

Erfolgsfaktoren für eine Marktpositionierung
kulturelle Sensibilität
Bereitstellung erheblicher finanzieller und personeller Ressourcen
Ernsthaftes Interesse, den Markt zu erschließen
Aufbau eines Kontaktnetzwerkes
Zeit und Geduld
Produktanpassungen
Preissensitivität
geeignete Partner und Mitarbeiter
Wertschöpfung vor Ort
Demonstrationsprojekte
Wartungs- und Instandhaltungsservice

Quelle: eigene Darstellung

Bei den in Abbildung 7 zusammengefassten Erfolgsfaktoren, die für eine gelungene Marktetablierung aus Sicht der Experten von Bedeutung sind, ist die Reihenfolge an die Häufigkeit der Nennungen angepasst.

Bewertung des derzeitigen Engagements deutscher Firmen in Indien

Aufgrund der unterschiedlichen Ausrichtungen der Experten konnten wenige differenzierte Bewertungen des derzeitigen Engagements deutscher Firmen in Indien erhoben werden. Allgemein gesehen ist Herr Dr. PLEISTER der Meinung, dass sich deutsche Unternehmen im Bereich erneuerbare Energien in Indien bislang recht gut positioniert haben, wobei er besonders die Wasserkraft und die Biomasse hervorhebt. Seine Erfahrungen haben gezeigt, dass bei den Unternehmen oft ein guter Wille vorhanden ist, aber die Naivität bezüglich der Erwartungen an den Markt zu groß ist. (vgl. Interview PLEISTER 2008). Nach Einschätzung von Herrn RODEWALD könnte das Engagement deutscher Unternehmen größer sein, weil die Möglichkeiten, die der indische Subkontinent bietet, gigantisch sind. Da die Branchenstruktur in Deutschland von mittelständischen Unternehmen geprägt ist, sind die Unternehmen derzeit noch recht vorsichtig. Dieses hängt damit zusammen, dass Mittelständler sehr zurückhaltend bei Investitionen in wenig bekannte Märkte sind und gerade Indien ein hohes Engagement und Geduld zur Markterschließung verlangt (vgl. Interview RODEWALD 2008).

Im Allgemeinen ist das Wissen der Befragten um die gegenwärtigen Aktivitäten der deutschen Unternehmen in der Branche der erneuerbaren Energietechnologie in Indien gering. Insgesamt geben die Einschätzungen der Experten zu den Möglichkeiten und Vorteilen des indischen Marktes ein vielschichtiges Bild der Branche ab und zeigen derzeitige Perspektiven für deutsche Unternehmen auf.

7.1.2 Probleme auf dem Markt für erneuerbare Energien

Zunächst werden im folgenden Unterkapitel Probleme angesprochen, die laut Expertenmeinung allgemein für den indischen Markt der erneuerbaren Energien als nachteilig angesehen werden. Daran anschließend folgt eine Diskussion der negativen Aspekte, auf die sich speziell deutsche Unternehmen der Branchen bei der Markterschließung Indiens einstellen müssen.

Allgemeine Probleme des indischen Marktes für erneuerbare Energien

Im Zuge der generellen Hemmnisse, die eine Ausweitung der erneuerbaren Energietechnologie in Indien behindern, wird von den Experten am häufigsten das Problem zeitlicher Verzögerungen genannt. Dies ist teils durch den starren Bürokratismus, teils durch die indische Mentalität bedingt. Die meisten Experten bemängeln in dem Zusammenhang, dass generell in Indien, verglichen mit anderen Märkten weltweit, sehr viel Zeit zwischen der Unterzeichung der Verträge und dem tatsächlichen Beginn der Projekte vergeht (vgl. bspw. Interviews Mitarbeiter TERI 2008; REDDY 2008).

In diesem Rahmen stehen zwei weitere Aspekte, die von einem Großteil der Gesprächspartner als hinderlich angesehen werden. Ohne gute Beziehungen und Insiderwissen ist es in Indien schwierig, von den meist staatlichen Projekten für erneuerbare Energien frühzeitig zu erfahren und den Zuschlag zu bekommen (vgl. bspw. Interview ENGELMEIER 2008).

Eine Reihe von politischen Hemmnissen wird von den Experten angesprochen. Als Nachteil wird vielfach angesehen, dass in Indien keine einheitliche Politik für die Förderung der erneuerbaren Energien zwischen den einzelnen Bundesstaaten vorhanden ist, was durch verbindliche Standardrichtlinien von Seiten des Bundes verbessert werden könnte. Da die Vorgaben vom Nationalstaat aber nur richtungweisend sind, fehlt es an einer einheitlichen erneuerbaren Energiepolitik. Darüber hinaus gibt es gerade in diesem Bereich keine konsistente, langfristig ausgerichtete Förderpolitik, die die Planungssicherheit der Unternehmen vor Ort unterstützt (vgl. bspw. Interviews Mitarbeiter IREDA 2008 u. MNRE 2008). In den Augen einiger Experten sind die vorhandenen Förderungen noch zu gering und die verschiedenen Einspeisetarife der einzelnen Branchen reichen nicht aus, um den Markt nachhaltig zu stimulieren (vgl. bspw. Interviews Mitarbeiter GTZ 2008 u. SUZLON 2008).

Des Weiteren besteht in Indien eine sehr große Diskrepanz zwischen dem, was von Seiten der Politik angekündigt wird und den tatsächlichen Umsetzungen der Pläne. So gibt Herr ALEX das Beispiel an, dass die Regierung im letzten Fünfjahresplan angekündigt hat, die Erzeugniskapazität von allen Energiequellen um 80 GW auszubauen. Nicht einmal die Hälfte ist erreicht worden (vgl. Interview ALEX 2008). Dieser Umstand schafft weitere Planungsunsicherheiten für Unternehmen.

Negativ zu bewerten ist nach Expertenmeinung darüber hinaus, dass keine verbindlichen Aussagen zur Unterstützung der internationalen Klimapolitik gemacht werden, was die Möglichkeiten für die erneuerbaren Energien erhöhen würde. Derzeit entzieht sich Indien noch, mit Verweis auf die nachholende Entwicklung aufgrund der Kolonialzeit, internationalen Abkommen wie dem Kyoto-Protokoll (vgl. Interview PLEISTER 2008).

Als weiterer Hemmfaktor wird vereinzelt die Tatsache genannt, dass der Strom von den einzelnen Bundesstaaten noch immer subventioniert wird und von Seiten der Regierungen keine Marktpreise an die Erzeuger gezahlt werden. Dies vermindert den Ertrag und die Finanzierung vieler Projekte (vgl. Interview RODEWALD 2008). Eng damit verbunden ist die Problematik, dass der Großteil des Strommarktes noch in den Händen des jeweiligen Bundesstaates liegt und die Staaten die Mehrheit der Projekte zur Stromerzeugung aus erneuerbaren Energien ausschreiben. Mehrere Experten bemängeln, dass gerade staatliche Projekte extrem zeitintensiv und wenig transparent sind (vgl. bspw. Interviews ALEX 2008; REDDY 2008).

Nach den politischen Ungunstfaktoren folgen nun Hemmnisse aus verschiedenen Bereichen wie Wirtschaft, Gesellschaft und Natur.

Ein Problem, mit dem Unternehmen aus dem Bereich der erneuerbaren Energietechnologie in Indien konfrontiert werden, ist laut Expertenmeinung das geringe technische *Know-how* auf Seiten der Arbeitskräfte vor Ort. Einige Experten berichten, dass teilweise die Wartung der Anlagen aufgrund des fehlenden technischen Wissens nicht immer möglich ist, was wiederum die Gefahr birgt, dass die Technologie einen schlechten Ruf in der Bevölkerung bekommt. Daher kommt der Partnersuche, die sich oftmals schwierig gestaltet, eine besondere Bedeutung zu (vgl. bspw. Interviews Mitarbeiterin der DENA 2008; KUMAR 2008).

Die mangelhafte Infrastruktur in vielen Bereichen des Landes wird von mehreren Interviewpartnern als Hemmnis für den Ausbau der erneuerbaren Energien genannt. Besonders hinderlich ist die schlechte Verkehresinfrastruktur bei der Erschließung ländlicher Gebiete. Außerdem ist das Stromnetz sehr marode und der Übertragungsverlust enorm, was das Engagement der Stromerzeuger herabsetzt (vgl. bspw. Interviews RODEWALD 2008; Mitarbeiter MNRE 2008).

Vereinzelt werden Probleme angesprochen, die in Zusammenhang mit Landnutzungskonflikten und Projekten in ökologisch sensiblen Gebieten entstehen, wie öffentlicher Widerstand bei Umsiedlungsmaßnahmen und Abholzung von Wäldern. Besonders bei ortsgebundenen Wind- und Wasserkraftprojekten müssen die Interessen der gut organisierten Bevölkerung zunehmend in die Planungen mit einbezogen werden. Außerdem nehmen die staatliche Aufsicht sowie die Auflagen zu Ausgleichsmaßnahmen zu (vgl. Interview LINTKER 2008).

Ein Hemmnis, welches die Ausbreitung der erneuerbaren Energien besonders in ländlichen Gebieten verlangsamt, ist nach Angaben eines Experten das geringe Engagement beider Parteien beim *Public-Private-Partnership*. Er kritisiert, dass der Wille zum Einsatz der Technologie und zur Verbesserung der ländlichen Elektrifizierung sowie ein vernünftiger Dialog bislang nicht genügend vorhanden sind (vgl. Interview Mitarbeiter SUZLON 2008).

Probleme für deutsche Unternehmen in Indien

Im Folgenden wird diskutiert, welche Probleme das Engagement deutscher erneuerbarer Energietechnologieunternehmen in Indien derzeit noch beeinflussen.

Die Antworten der Experten lassen sich in zwei große Komplexe unterteilen. Zum einen werden Probleme und Gegebenheiten genannt, die den indischen Markt für deutsche Unternehmen bislang wenig interessant machen. Ein Hemmnis für die Gründung einer Niederlassung vor Ort ist die geringe Marktgröße in absoluten Zahlen in Indien (vgl. Interview ALEX 2008). Darüber hinaus gibt es bislang gerade in den Bereichen Solar- und Bioenergie noch keine reproduzierbaren Erfolgsmodelle, um Indien für den deutschen Mittelstand interessant zu machen (vgl. Interview ENEGELMEIER 2008).

Zum anderen werden Eigenschaften deutscher Unternehmen angesprochen, die als Hemmnis für ein stärkeres Engagement gesehen werden. Zunächst sind deutsche Produkte oftmals zu teuer für staatliche Energieprojekte, wo bei der Vergabe in erster Linie auf die Kostenhöhe geachtet wird (vgl. Interview ALEX 2008). Darüber hinaus stellen bei KMU die kulturelle Unsicherheit, Kommunikationsprobleme mit möglichen indischen Partnern und das zu geringe Wissen über Indien vielfach Hemmnisse für ein stärkeres Interesse am indischen Markt dar (vgl. Interviews Mitarbeiterin der DENA 2008; RODEWALD 2008). Herr Dr. ENGELMEIER kritisiert des Weiteren, dass deutsche Unternehmen teilweise zu produkt- und nicht marktbezogen an die Erschließung des indischen Marktes herangehen. Dabei sind sie zu wenig flexibel und haben einen zu geringen Spielraum, um ihre Produkte den indischen Gegebenheiten anzupassen (vgl. Interview ENGELMEIER 2008).

Insgesamt sind sich die Experten einig, dass die gute Auftragslage der deutschen Unternehmen und das Vorhandensein sowohl kulturell als auch geographisch leicht erschließbarer Märkte ein Engagement in Indien verhindern. Aus diesem Grund exportieren deutsche Unternehmen gerne nach Indien, wollen aber noch keine strategischen Entscheidungen treffen, um sich vor Ort zu positionieren (vgl. bspw. Interview RODEWALD 2008). Dies ist aber gerade in Indien eine Voraussetzung für den langfristigen Erfolg.

Probleme der einzelnen Branchen der erneuerbaren Energien

Wie im vorherigen Unterkapitel zu den Möglichkeiten (vgl. Kapitel 7.1.1) werden nun die Einschätzungen der Experten zu den Problemen der einzelnen Branchen in Indien herausgestellt.

Im Bereich der Windenergie wird bemängelt, dass es immer schwieriger ist, gute Flächen außerhalb ökologisch sensibler Gebiete für Windparks zu erwerben. Gerade bei großflächigen Windparks nimmt bei Umsiedlungsmaßnahmen und Abholzung von Waldflächen der Widerstand innerhalb der gut organisierten Bevölkerung zu (vgl. Interview Mitarbeiter SUZLON 2008). Darüber hinaus ist der Markteinstieg für neue Unternehmen schwierig, da die wenigen gut etablierten Windtechnologieunternehmen ihre Marktmacht gerade bei staatlichen Projekten ausnutzen und die Markteinstiegskosten in dieser Branche sehr hoch einzustufen sind (vgl. bspw. Interview Mitarbeiter IREDA 2008). Außerdem haben sich die Investitionskosten, wie bei der Wasserkraftbranche, durch den Anstieg der Stahl- und Zementpreise in den letzten Jahren stark erhöht (vgl. Interview PLEISTER). Insbesondere bei *„run of the river"* Wasserkraftprojekten formiert sich zunehmend Widerstand, wenn massive Nachteile wie Wasserverknappung für die Landwirtschaft entstehen (vgl. ebd.).

Im Bereich der Bioenergie sehen die Experten derzeit ein großes Hindernis darin, dass aufgrund der mangelhaften Infrastruktur die Anlieferung des Rohmaterials nur innerhalb eines geringen Radius von 10 bis 15 km möglich ist. Darüber hinaus ist die Lagerung oftmals problematisch. Anlagen deutscher Hersteller sind vielfach zu groß für den indischen Markt (vgl. bspw. Interviews ALEX 2008; Mitarbeiter IREDA 2008). Ein Problem, das von Herrn LINTKER angesprochen wird, ist der rasante Preisanstieg des Rohmaterials, wenn von Seiten der Anbieter entdeckt wird, dass das Material großen Wert für das Betreiben der Anlage hat (vgl. Interview LINTKER 2008). Dabei ist allerdings nicht klar, ob es sich um einen Einzelfall handelt oder ob dies generell die Möglichkeiten der Biomassetechnologie belastet.

Die Solarbranche leidet nach Expertenmeinung in Indien derzeit noch unter den hohen Investitionskosten pro Kilowattstunde. Bis vor kurzem ist Solarstrom für den indischen Staat uninteressant gewesen. Inwieweit die immer noch als gering eingeschätzten Einspeisetarife die Entwicklung beeinflussen, bleibt derzeit noch abzuwarten (vgl. Interview Mitarbeiter GTZ 2008). Ein weiteres bislang noch vielfach unbeachtetes Problem ist die Müllentsorgung der Batterien und Solaranlagen (vgl. Interview PLEISTER 2008).

Insgesamt wird von den Experten weniger detailliert über die Erfahrungen mit Problemen für deutsche Unternehmen berichtet und die Ausführungen sind größtenteils sehr allgemein gehalten. Unterscheidungen nach Branchen und Art der Rahmenbedingungen werden vielfach, im Gegensatz zu den Einschätzungen über Möglichkeiten und Vorteilen, nur sehr kurz auf Nachfrage getroffen. Dies wird zum einen daran liegen, dass in der indischen Kultur ungern Probleme und Unannehmlichkeiten offen diskutiert werden. Zum anderen sollte möglicherweise der indische Markt für erneuerbare Energien in ein positives Licht gerückt werden, um bei deutschen Firmen das Interesse für Indien zu wecken. Gerade bei indischen Gesprächspartnern schien die vorteilhafte Darstellung entscheidend.

7.1.3 Zukunftsperspektiven auf dem Markt für erneuerbare Energien

Neben den Einschätzungen der Möglichkeiten und Probleme des indischen Marktes für erneuerbare Energien ist die Sicht der Experten zu den Zukunftsperspektiven für die Bewertung des Marktes unerlässlich. Dabei wird im Folgenden zwischen drei Aspekten unterschieden: den Einschätzungen der zukünftigen Bedeutung und den Entwicklungstrends des indischen Marktes, den Zukunftsperspektiven deutscher Unternehmen vor Ort sowie den mittel- bis langfristigen Aussichten für die einzelnen Branchen in Indien.

Zukünftige Bedeutung und Entwicklungstrends des indischen Marktes für erneuerbare Energien

Die große Mehrheit der Experten ist sich einig, dass Indien mittel- bis langfristig[11] ein bedeutender Markt für erneuerbare Energien werden wird (vgl. bspw. Interviews KUMAR 2008; Mitarbeiter TERI 2008). Als Begründung werden eine Reihe unterschiedlicher Faktoren genannt. Zunächst ist anzunehmen, dass der Energiebedarf in den nächsten Jahren enorm ansteigen wird. Dies liegt zum einen an der boomenden Wirtschaftsentwicklung und zum anderen an der steigenden Nachfrage von Seiten der wachsenden Mittelschicht. Dabei kommt den erneuerbaren Energien eine besondere Bedeutung zu, da sowohl die Ölreserven als auch die Kohlevorräte knapper werden, was wiederum zu einem Preisanstieg für die konventionellen Energieträger führt. Hierdurch werden die erneuerbaren Energien wettbewerbsfähiger (vgl. bspw. Interview REDDY 2008). Dazu kommt, dass durch den zu erwartenden technologischen Fortschritt in dieser Branche die Kosten der erneuerbaren Ener-

[11] In den nächsten drei bis 20 Jahren.

gien geringer werden. Zukünftig wird auch in Indien der Umweltgedanke bei der Energieversorgung eine größere Rolle spielen, was einer Ausweitung der Nutzung erneuerbarer Energien förderlich wäre. Politisch gesehen wird Indien mittel- bis langfristig das Ziel verfolgen, seine Energieversorgung auf breite Beine zu stellen, um von Energieimporten möglichst unabhängig zu sein (vgl. bspw. Interviews Mitarbeiter SUZLON 2008; LINTKER 2008; RODEWALD 2008). Des Weiteren ist das natürliche Potenzial des Subkontinents enorm, da bislang erst ca.10% der Möglichkeiten insgesamt ausgeschöpft werden (vgl. Interview KUMAR 2008).

Herr Dr. ENGELMEIER ist der Meinung, dass der indische Markt in etwa 10 Jahren ein vergleichbares Volumen mit dem deutschen Markt für erneuerbare Energietechnologie erreicht haben wird. Bereits in 20 Jahren ist Indiens Markt in der Größe gleichzusetzen mit dem der Europäischen Union. Das höchste Wachstum für erneuerbare Energietechnologie erwartet der Indienexperte in ca. fünf Jahren (vgl. Interview ENGELMEIER 2008). Kurz- und mittelfristig haben Unternehmen, die sich in Indien positionieren, noch einen *first mover advantage* und können die Gestaltungschancen zu ihren Gunsten nutzen (vgl. Interview LINTKER 2008).

Als Entwicklungstrends, die nach Meinung der Experten in den nächsten Jahren zu beobachten sind, gelten die zunehmende Bedeutung der privaten Akteure als Nachfrager von Energie, die Förderung von erneuerbaren Energien in so genannten *special economic zones* (SEZ) und neben der Elektrizitätsversorgung durch erneuerbare Energien die Nutzung für andere Anwendungen wie Solarkocher oder Trocknungssysteme (vgl. Interviews RODEWALD 2008; Mitarbeiter GTZ 2008 u. TERI 2008).

Voraussetzungen für die positive Entwicklung des indischen Marktes sind die Stabilität wirtschaftlicher, politischer und gesellschaftlicher Rahmenbedingungen sowie die Existenz von reproduzierbaren Erfolgsmodellen (vgl. bspw. Interviews Mitarbeiterin der DENA 2008; PLEISTER 2008).

Zukunftsperspektiven für deutsche Unternehmen in Indien

Die Mehrheit der Experten sieht aufgrund der oben genannten Zukunftstrends sowie der hochwertigen Technologie mittel- bis langfristig gute Perspektiven für deutsche Unternehmen auf dem indischen Markt (vgl. bspw. Interviews ENGELMEIER 2008; Mitarbeiter GTZ 2008). Interessant in diesem Zusammenhang ist es, in welchen Bereichen die Experten gute Möglichkeiten für die Firmen voraussagen. Insgesamt setzen die Gesprächspartner sehr unterschiedliche Schwerpunkte, so dass kein genereller Trend zu erkennen ist. Trotzdem können die unterschiedlichen Sichtweisen für eine umfassende Marktanalyse von Bedeutung sein. Zum einen haben deutsche Unternehmen aufgrund ihrer Erfahrung im Bereich der Windenergie bei *off-shore* Projekten gute Zukunftsaussichten, da diese Technologie in den nächsten Jahrzehnten für Indien interessant wird. Zum anderen können die deutschen Unternehmen gerade in den Bereichen Solar- und Bioenergie mit marktfähigen Lösungen eine Nische finden (vgl. bspw. Interviews Mitarbeiter SUZLON 2008; RODEWALD 2008). Um mittelfristig in Indien Fuß zu fassen, bieten sich für die hochwertige Technologie der deutschen Unternehmen kleinere Projekte mit Demonstrationscharakter und größere mit einem hohen Anteil an Ingenieursleistungen an. Darüber hinaus werden Aufträge im Bereich *Captive Power Plants*, also der privaten Energienachfrage, an Bedeutung gewinnen (vgl. Interviews Mitarbeiter IREDA 2008; ALEX 2008). Ebenso können besonders CDM-Projekte und die dezentrale Energieversorgung in ländlichen Gebieten den indischen Markt für deutsche Firmen interessant machen (vgl. Interview Mitarbeiter GTZ 2008). Ein weiterer Schwerpunkt für deutsche Firmen im Bereich Biomasse kann die Nutzung der Jatropha-Pflanze zur Energiegewinnung werden, die in Indien derzeit erste Anwendung findet (vgl. Interview LINTKER 2008). Herr RODEWALD sieht zukünftig Indien besonders für deutsche Mittelständler aller erneuerbarer Energietechnologiebranchen als interessanten Markt. Sie dürfen dabei allerdings nicht den Fehler machen, den indischen Subkontinent als einen Markt aufzufassen und sollten nicht versuchen, Indien sofort umfassend zu erschließen. Vielmehr ist es ratsam, regionale Schwerpunkte in Bundesstaaten mit günstigen Rahmenbedingungen zu setzen (vgl. Interview RODEWALD 2008).

Für die Einschätzung der dynamischen Entwicklung des indischen Marktes aus der Sicht deutscher Akteure ist es wichtig zu erfahren, wer zukünftig die größten Konkurrenten für deutsche Unternehmen sein werden. Herr Dr. ENGELMEIER geht davon aus, dass deutsche Firmen noch ca. drei bis vier Jahre einen Technologievorsprung auf dem indischen Markt haben werden. Danach werden indische, aber auch andere ausländische Unternehmen eine stärkere Konkurrenz als bislang darstellen. Dabei sind besonders die chinesischen Firmen herauszustellen, die in ihrem aggressiven Wachstum zwar vielleicht Produkte mit einer geringeren Qualität anbieten, diese aber passender für den indischen Markt sind (vgl. Interview ENGELMEIER 2008). Indische Produkte werden erst langfristig in einer Zeitspanne von 10 bis 15 Jahren deutsches Niveau erreichen. Insgesamt kommt zukünftig die größte Konkurrenz von den Billigherstellern aus Asien wie beispielsweise Korea und Taiwan (vgl. Interviews LINTKER 2008; RODEWALD 2008).

Zukunftsperspektiven der verschiedenen Branchen der erneuerbaren Energien

Bei der Auswertung der Expertengespräche unter dem Aspekt, wie die Zukunftsperspektiven der verschiedenen Branchen einzuschätzen sind, lassen sich verschiedene Trends feststellen, die allerdings teilweise von einzelnen Experten unterschiedlich beurteilt werden.

Allgemein werden die Zukunftsperspektiven für Windkraft aufgrund der am stärksten ausgebauten Potenziale und der Lage der Gebiete mit hohen Windgeschwindigkeiten in ökologisch sensiblen Landschaften mittel- bis langfristig als eher durchschnittlich eingeschätzt (vgl. bspw. Interviews ALEX 2008; PLEISTER 2008).

Anders verhält es sich mit der Beurteilung der Solarenergie. Wegen der bislang geringen Nutzung des nicht ortsgebundenen Vorkommens und der zu erwartenden technischen Fortschritte sehen die Experten sehr große Potenziale für diese Technologie. Dabei kann die Energie aus der Sonne sowohl interessant werden für die effiziente Elektrifizierung ländlicher Gebiete, wo ein Anschluss an das öffentliche Stromnetz zu kostenintensiv ist, als auch für großflächige Sonnenkraftwerke (vgl. bspw. Interviews RODEWALD 2008; KUMAR 2008).

Auch die Zukunftschancen der unterschiedlichen Nutzung von Bioenergie werden allgemein als gut bezeichnet. Dies liegt an den vermutlich auch noch mittelfristig zur Verfügung stehenden Abfallprodukten aus der Landwirtschaft. Kleinere Biogasanlagen und *bio natural gas* sind besonders interessant für die Zukunft in Indien (vgl. Interviews LINTKER 2008; PLEISTER 2008).

Nur wenige Experten äußerten sich während der explorativen Interviews explizit zu den mittel- bis langfristigen Perspektiven der Wasserkraft in Indien. Da sie weder als negatives noch als besonders gutes Beispiel genannt wird, ist zu vermuten, dass sie zwischen Windkraft und den beiden sehr aussichtsreichen Formen Sonnenenergie und Biomasse anzusiedeln ist.

7.2 Wichtige Erkenntnisse und Thesen für die Unternehmensbefragung

Die Expertengespräche haben gezeigt, dass der indische Markt für erneuerbare Energietechnologie so differenziert in den vier Hauptbranchen ist, dass Aussagen zu den Möglichkeiten, Problemen und Zukunftsperspektiven nach Branchen unterteilt werden können. Zudem kann eine Unterscheidung nach allgemeinen und deutschlandspezifischen Gesichtspunkten getroffen werden. Jede Branche stellt andere Anforderungen an die Unternehmen in Bezug auf Nachfragestruktur, Projektabwicklung und *after sale service*. Während die Wind- und Wasserkrafttechnologiemärkte oligopolistisch strukturiert sind und deutsche Unternehmen besonders in der Zulieferbranche gute Möglichkeiten haben, bieten die Märkte für Bioenergie und Solartechnik sowohl für Komponentenzulieferer als auch für Projektierer verschiedenste Chancen.

Aus der Expertenbefragung wird deutlich, dass die Solar- und Bioenergiebranchen derzeit noch mit Anfangsproblemen zu kämpfen haben, was unter anderem daran liegt, dass sie bislang weniger stark gefördert wurden als die anderen beiden Technologien. Insgesamt sind hier aber die größten Zukunftspotenziale zu sehen.

Zwar hängt nach Expertenmeinung die optimale Form des Engagements für einen Einstieg in den indischen Markt von der Zielsetzung des Unternehmens ab, doch wird im Vergleich mit der Analyse der Unternehmensstruktur aus

Kapitel 6 deutlich, dass bis auf ein Unternehmen alle Firmen eine 100%ige Tochter vorziehen. Tochtergesellschaften sind dann sinnvoll, wenn das Unternehmen bereit ist, finanzielle und personelle Ressourcen für den indischen Markt einzusetzen. Dies gilt wiederum als Voraussetzung für eine erfolgreiche Marktpositionierung. Damit bestätigt sich die Aussage von Herrn RODEWALD, dass der Trend unter deutschen erneuerbare Energietechnologiefirmen zu 100%igen Tochtergesellschaften tendiert (vgl. Kapitel 7.1.1).

Einen Überblick über allgemeine Möglichkeiten und Vorteile sowie Probleme und Hemmnisse aus Sicht der Experten gibt die Tabelle 8.

Tabelle 8: Allgemeine Möglichkeiten und Probleme für erneuerbare Energien vor Ort

Der indische Markt für erneuerbare Energien	
allgemeine Möglichkeiten und Vorteile	**allgemeine Probleme**
Energiedefizit	zeitliche Verzögerungen
steigende Nachfrage durch Bevölkerung & Industrie	Insiderwissen & Vetternwirtschaft
politischer Wille zur Förderung	keine bundesweit einheitliche Energiepolitik
Englisch als Geschäftssprache	zu geringe Förderungen
verlässliches Rechtssystem	Diskrepanz Ankündigung/Umsetzung
großes Potenzial an Arbeitskräften	keine verbindliche Zusage zum Klimaschutz
niedrige Produktionskosten	Staat zu viel involviert in Energiesektor
steigendes Interesse privater Stromnachfrager	geringes technisches Wissen vor Ort
CDM-Projekte	mangelhafte Infrastruktur
Nachfrage nach Anlagen zwischen 1 & 10 MW	Landnutzungskonflikte

Quelle: eigene Darstellung

Auffällig ist, dass trotz der positiven Bewertung der politischen Rahmenbedingungen von den Experten viele Aspekte kritisiert werden, die gerade auf politischer Ebene die Entwicklung der erneuerbaren Energien in Indien behindern.

Außerdem ist der indische Energiemarkt noch stark von staatlichen Strukturen geprägt, was die freie Marktentwicklung verlangsamt. Erst allmählich gewinnen private Stromabnehmer, deren Nachfrage besonders für deutsche Unternehmen interessant ist, an Bedeutung.

Insgesamt scheint Indien auf der Makroebene, was die allgemeinen Rahmenbedingungen und Zukunftsperspektiven betrifft, ein interessanter Markt für deutsche Unternehmen zu sein. Auf der Mikroebene treten noch viele Hindernisse und Schwierigkeiten auf, wie die Erfahrungen der Experten mit einzelnen Projekten vor Ort belegen.

Eine Zusammenfassung der Möglichkeiten und Vorteile sowie der Probleme speziell für deutsche Unternehmen in Indien bietet die Tabelle 9.

Tabelle 9: Möglichkeiten und Probleme für deutsche Unternehmen in Indien

Deutsche Unternehmen auf dem indischen Markt für erneuerbare Energien	
Möglichkeiten und Vorteile	**Probleme**
hohes Ansehen der dt. Technologie	deutsche Produkte zu teuer
Technologievorsprung	zu wenig reproduzierbare Erfolgsmodelle in Indien
langjährige Erfahrungen	kulturelle Unsicherheit und Kommunikationsprobleme
private Projekte	geringe Marktgröße in absoluten Zahlen
	Unternehmen nicht flexibel genug
	andere Märkte derzeit leichter zu erschließen

Quelle: eigene Darstellung

Da die Befragung der Experten nicht nur zum Ziel hat, deren Erfahrungen und Einschätzungen zu erheben, sondern auch als Grundlage für die Befragung der deutschen Unternehmen, die bereits vor Ort aktiv sind, dient, werden ausgehend von den Erkenntnissen aus der Expertenbefragung sechs Thesen formuliert. Diese werden anhand der Aussagen der teilnehmenden Unternehmen überprüft.

These 1: *Die Anfangsphase in Indien gestaltet sich für die deutschen Unternehmen oft langwierig und birgt besonders viele Probleme.*

These 2: *Deutsche Unternehmen sollten ihre Produkte technologisch und preislich an die indischen Marktbedingungen anpassen.*

These 3: *Die richtigen Partner und Mitarbeiter vor Ort zu finden, kann die Unternehmen vor große Herausforderungen stellen.*

These 4: *Derzeit muss von deutschen Unternehmen sehr viel Pionierarbeit geleistet werden, die viel Zeit und beachtliche Investitionen in Anspruch nimmt. Die kulturellen, wirtschaftlichen und politischen Gegebenheiten stellen Anforderungen dar, die kleinen und mittleren Unternehmen stärkere Probleme bereiten als Großkonzernen.*

These 5: *Indien ist besonders mittel- und langfristig ein interessanter Markt für deutsche Unternehmen und rückt erst langsam in den Fokus der Firmen.*

These 6: *Um sich in Indien langfristig zu positionieren, ist derzeit ein guter Zeitpunkt für einen Markteinstieg, da deutsche Firmen noch einen Technologievorsprung haben.*

Die Überprüfung der Thesen aus der Expertenbefragung dient dazu, gesicherte Informationen zur Beantwortung der Leitfragen der Studie zu erhalten und die Transparenz der Erkenntnisgewinnung zu erhöhen. Dabei wurden bewusst mehrere detaillierte Thesen aufgestellt, um eine differenzierte Analyse zu ermöglichen.

Während in Kapitel 7.3 die Sicht der bereits in Indien positionierten deutschen Unternehmen sowie derer, die vor Ort Demonstrationsprojekte durchführen und/oder konkrete Maßnahmen für eine Niederlassungsgründung ergriffen haben, analysiert wird, werden die Thesen auf Grundlage der Unternehmensbefragung in Kapitel 7.4 überprüft.

7.3 Die Sicht der deutschen Unternehmen vor Ort

An der Befragung der deutschen Firmen im Bereich der erneuerbaren Energietechnologie in Indien haben sieben der acht in der Bestandsanalyse erhobenen Firmen teilgenommen. Darüber hinaus wurden weitere Unternehmen hinzugenommen, die unmittelbar vor einem Markteintritt auf dem indischen Subkontinent stehen und teilweise bereits Demonstrationsprojekte vor Ort durchführen. Der Grund für das Hinzuziehen dieser Firmen liegt darin, dass sie wichtige Informationen über die Erfahrungen beim Markteintritt in Indien liefern können und sich derzeit intensiv mit den Möglichkeiten, Problemen und Zukunftsperspektiven des Marktes auseinandersetzen. Insgesamt wurden auf Grundlage der Angaben der *Deutsch-Indischen Handelskammer* und der Befragung der Unternehmen aus dem Bereich der erneuerbaren Energien auf der *Hannover Messe 2008* drei Unternehmen identifiziert, die kurz vor einem Markteinstieg in Indien stehen. Zwei der Unternehmen werden der Solarbranche zugeordnet und ein weiteres der Bioenergiebranche.

Von den bereits in Indien niedergelassenen Firmen zählen jeweils zwei zur Solar-, Bioenergie- und Windkraftbranche. Aus dem Bereich Wasserkraft hat ein Unternehmen teilgenommen. Das Unternehmen, das einer Teilnahme an der Befragung nicht zugestimmt hat, kommt somit aus dem Bereich Windkraft. Da einigen Firmen ihre Anonymität im Rahmen der Befragung wichtig war, wurden alle Unternehmen für die Analyse kodiert. Der Großbuchstabe steht für die jeweilige Branche der erneuerbaren Energietechnologie. Die Zahlen sind den einzelnen Interviews innerhalb der jeweiligen Branche zugeordnet.[12]

Tabelle 10: Zuordnung von Großbuchstaben zu den Branchen der erneuerbaren Energien

Großbuchstabe	Branche
A	Solarenergie
B	Bioenergie
C	Windkraft
D	Wasserkraft

Quelle: eigene Darstellung

Aus drei Gründen wurde nicht in allen Interviews jede einzelne Frage des Leitfadens angesprochen. Zum einen konnten gerade aus dem Bereich der unternehmensspezifischen Erfahrungen Interviewpartner, deren Firmen sich derzeit in der Phase des Markteinstiegs befinden, nicht alle Fragen beantworten. Zum anderen handelt es sich bei den Zukunftsperspektiven und langfristigen Positionierungsstrategien um sensible Informationen, die nicht jede Firma preisgeben möchte. Als dritter Grund ist zu sehen, dass bei den

[12] Die transkribierten Interviews und Mitschriften liegen der Autorin vor.

problemzentrierten Interviews trotz der stärkeren Strukturierung im Vergleich zu den Experteninterviews der Gesprächsfluss erhalten bleiben musste und die Themen je nach Gesprächsverlauf angesprochen wurden.

Abbildung 8: Liste der an der Befragung teilgenommenen Unternehmen

Name der Firma	Datum des Interviews	Art des Interviews
Windkraft		
Bosch Rexroth AG	10.06.2008	Telefoninterview
anonym	10.11.2008	Schriftliche Beantwortung
Wasserkraft		
Voith Hydro Holding GmbH & Co. KG	11.04.2008	Face-to-face Interview
Solarenergie		
SCHOTT Solar AG	06.05.2008	Face-to-face Interview
Conergy Group AG	28.04.2008	Schriftliche Beantwortung
IBC Solar AG	27.06.2008	Telefoninterview
anonym	05.06.2008	Telefoninterview
Bioenergie		
Biogas Nord AG	13.05.2008	Face-to-face Interview
M&W Zander Group GmbH	29.04.2008	Telefoninterview
EnviTec Biogas AG	22.04.2008	Face-to-face Interview

Quelle: eigene Darstellung

In den folgenden drei Unterkapiteln werden die Aussagen der Unternehmen nach den drei Themenblöcken des Leitfadens analysiert. Zunächst werden die unternehmensspezifischen Erfahrungen ausgewertet. Daran anschließend folgt die Bewertung der erneuerbaren Energietechnologie in Indien, bevor unter Punkt 7.3.3 die Erfolgsfaktoren für deutsche Unternehmen im Bereich der erneuerbaren Energietechnologie aus Unternehmenssicht diskutiert werden.

7.3.1 Unternehmensspezifische Erfahrungen

Ein Schwerpunkt der problemzentrierten Interviews mit deutschen Unternehmen aus dem Bereich der erneuerbaren Energien in Indien ist auf die Analyse der firmenspezifischen Erlebnisse und Bewertungen gelegt. Im Gegensatz zu den Expertenmeinungen und den allgemeinen Aussagen der Firmenvertreter geben die konkreten Erfahrungen der einzelnen Unternehmen Auskunft über die tatsächlichen Gegebenheiten auf dem Markt.

Basisdaten

Um einen Überblick über die Ausgangsbedingungen der deutschen Firmen zu geben, werden zunächst Basisdaten zu der Struktur der interviewten Unternehmen und ihrem Engagement in Indien dargelegt.

Wie bereits aus der Bestandsanalyse in Kapitel 6 bekannt, sind in der Branche der erneuerbaren Energien hauptsächlich Großunternehmen und Tochterunternehmen von Großkonzernen, die sich auf die Netzwerke und Ressourcen des Mutterkonzerns vor Ort stützen können, in Indien tätig. Lediglich ein Unternehmen ist laut Definition der *Europäischen Kommission* der Gruppe der KMU zuzuordnen. Von den Unternehmen, die derzeit kurz vor einem Markteintritt stehen, zählen alle drei Unternehmen ebenfalls zur Gruppe der Großunternehmen. Davon ist ein Unternehmen bereits seit 1995 mit verschiedenen Leistungsangeboten in Indien etabliert, wird aber erst in Kürze im Bereich der erneuerbaren Energietechnologie vor Ort aktiv werden.

Alle interviewten Firmen betreiben ein Vertriebsbüro in Indien oder planen eines zu eröffnen. Die Produktion haben vier Firmen in Indien aufgenommen, von denen drei interviewt wurden. Zwei Unternehmen sind bereits im Bereich Forschung und Entwicklung vor Ort tätig.

Bei der Einschätzung der Alleinstellungsmerkmale ihres Unternehmens betonen die Interviewpartner eine Vielzahl von Eigenschaften. Dazu gehören die herausragende Qualität ihrer Produkte, die große Erfahrung in Bezug auf die Technologie und die Besetzung von Marktnischen. Darüber hinaus sind sie besonders flexibel, um sich auf Marktgegebenheiten einzustellen und stehen von ihrer Seite auch für ein zuverlässiges Zeitmanagement (vgl. bspw. Interviews A4, B1, C1, D1).

Die Mehrheit der Unternehmen sieht das enorme Zukunftspotenzial des Marktes für erneuerbare Energien als Hauptgrund für die Wahl Indiens als Niederlassungsstandort (vgl. bspw. Interviews A1, A2, B1, C1). Die derzeitige Nachfrage nach erneuerbarer Energietechnologie wird nur von einigen Firmen als Begründung genannt (vgl. Interviews B3, C2, D1).[13]

Ein Großteil der deutschen Unternehmen verkauft seine Produkte in Indien an Kunden aus der Privatwirtschaft und arbeitet mit privaten Investoren zusammen (vgl. bspw. Interviews A4 u. C1). Nur wenige Firmen haben sowohl private als auch staatliche Kunden (vgl. Interviews B1 u. D1). Tendenziell äußern sich die Interviewpartner aufgrund bürokratischer Hindernisse und des negativen Rufes (vgl. auch Kapitel 7.1.2) eher skeptisch über eine wirtschaftliche Zusammenarbeit mit staatlichen Akteuren (vgl. bspw. Interviews B1 u. B3).

Bewertung der Bedingungen und Erfahrungen in der Anfangsphase des Engagements

Welche Bedingungen die deutschen Firmen bei der Niederlassungsgründung vor Ort vorfanden und welche Erfahrungen die Unternehmen in der Anfangsphase ihres Markteintritts in Indien gemacht haben, wird im folgenden Abschnitt analysiert.

Die Bewertung des Anbahnungsprozesses fällt bei den Firmen insgesamt sehr positiv aus, da von indischer Seite großes Interesse an der deutschen Technologie und Durchführung von Projekten besteht. Nach einer ersten Euphoriephase lassen sich die Unternehmen, bedingt durch ihre Erfahrung, in zwei Kategorien aufteilen. Firmen, die einem Großkonzern angehören, der mit anderen Produkten bereits auf dem indischen Markt aktiv ist, können meist auf ein bestehendes Kundennetzwerk, einen bekannten Namen und personelle Ressourcen des Mutterkonzerns zurückgreifen, weshalb sie den

[13] Bei den Begriffen „wenige" „vereinzelt" und „einzelne" handelt es sich um ein bis zwei Unternehmen. „Einige" „mehrere(n)", „viele", „vielfach" bzw. „mehrfach" ist gleichzusetzen mit drei bis vier Nennungen der Firmen und „ein/der Großteil", „die Mehrheit" bzw. „die meisten" bedeutet, dass mindesten fünf Unternehmensvertreter den Sachverhalt benannt haben.

Anfangsprozess als gelungen und unkompliziert bewerten (vgl. bspw. Interviews A1 u. D1). Unternehmen, die bislang noch keine Erfahrung mit dem indischen Markt und der Geschäftskultur gemacht haben, schätzen die Anfangsphase vielfach problematischer ein, da sich für sie die Kunden- bzw. Partnersuche und der Genehmigungsprozess vor Ort als unübersichtlicher und langwierig herausstellen (vgl. bspw. Interviews A4, B1).

Bei der Wahl des Standortes in Indien spielen vielfältige Gründe in den Entscheidungsprozess mit ein. Die Mehrheit der Unternehmen nennt die Nähe zu den Projekten bzw. den indischen Partnern und Kunden als Hauptursache für die Niederlassungsentscheidung in der jeweiligen Region (vgl. bspw. Interviews A4, B2, C2, D1). Weitere Gründe sind das Angebot an qualifizierten Arbeitskräften, die Nähe zu politischen Entscheidungsträgern und die Entscheidung des Mutterkonzerns für einen Standort (vgl. bspw. Interviews A1, B2, B3).

Zu Beginn des Engagements haben die deutschen Firmen vielfach ihre Produkte an die Bedürfnisse des indischen Marktes für erneuerbare Energietechnologie angepasst. Um eine einwandfreie Nutzung der Technologie gewährleisten zu können, war bei einzelnen Firmen eine Einstellung ihrer Produkte auf die klimatischen Verhältnisse nötig (vgl. Interviews bspw. B2 u. C1). Ein Interviewpartner aus der Windenergiebranche macht dies deutlich, indem er sagt: „For these things we have to take care during the development stages. If the temperature is higher we have to plan the cooling. Depending on the environmental conditions there would be some adjustments required." (Interview C1).

Andere Unternehmen haben ihre Produkte preislich an die geringere Zahlungsbereitschaft der indischen Kunden angepasst (vgl. bspw. Interview A4). Des Weiteren hat ein Unternehmen aus dem Bereich der Bioenergie seine Technologie so verändert, dass ein anderes Rohmaterial, in diesem Fall Presskuchen aus der Zuckerfabrik, zur Gasgewinnung eingesetzt werden kann. Zudem hat die Firma das Material ihrer Produkte so gewählt, dass die Technologie sowohl preisgünstiger als auch besser an die natürlichen Bedingungen der Länder des Südens angepasst ist (vgl. Interview B1). Unternehmen aus dem Bereich der Solarenergie haben ihre Produkte bislang nicht an die indischen Marktverhältnisse anpassen müssen (vgl. bspw. Interviews A1 u. A3).

In der Anfangsphase hat die Mehrheit der deutschen Firmen die Unterstützung externer Institutionen in Anspruch genommen, um sich auf dem indischen Markt zu positionieren. Dabei handelt es sich hauptsächlich um Beratungsleistungen und Kontaktvermittlung. Sieben der zehn Unternehmen wurden von der *Deutsch-Indischen Handelskammer* unterstützt. Jeweils eine Firma hat, teilweise zusätzlich, auf die Leistung der DENA, eines ortsansässigen Ingenieurbüros und eines lokalen Anwalts zurückgegriffen (vgl. Interviews A2, A4, B2, C2). Während der Großteil der Interviewpartner mit der Unterstützung der Institutionen sehr zufrieden ist und das Beratungsangebot für ausreichend erklärt, wünschen sich einige Firmen mehr Finanzierungsmöglichkeiten für Projekte mit geringerem Finanzvolumen (bspw. von Seiten der DEG) und unbürokratische Unterstützung von Seiten der deutschen Regierung (vgl. Interviews A1, B1, C2).

Finanzielle Unterstützung im Rahmen ihres Indienengagements haben bislang drei Firmen erhalten. Dabei handelt es sich zum einen um ein *Public-Private-Partnership* mit der GTZ und dem indischen Partner sowie die zusätzlichen Finanzierungshilfen durch den Verkauf der Zertifikate aus dem CDM-Projekt. Zum anderen wird ein Projekt durch das *Solardachprogramm* der DENA finanziell unterstützt (vgl. Interviews A4 u. B2). In einem Fall sind keine näheren Angaben zur Art der Fördergelder gemacht worden.

In der Anfangsphase haben die interviewten Firmen einige positiver Erfahrungen in Indien machen können, die in Abbildung 9 zusammengefasst sind.

Abbildung 9: Positive Erfahrungen der Firmen in der Anfangsphase

- Großes Interesse von politischer und wirtschaftlicher Seite
- Gute natürliche und wirtschaftliche Rahmenbedingungen
- Schneller Markteintritt
- Langfristige Kundenbindung von Beginn an
- Hochqualifizierte und zuverlässige Partner
- Motivierte Mitarbeiter mit schnellen Lernerfolgen

Quelle: eigene Darstellung

Das große Interesse an erneuerbarer Energietechnologie von Seiten der Kunden und der politische Wille zur Unterstützung von Projekten werden mehrfach von den Unternehmen als besonders positiv herausgestellt (vgl. bspw. Interviews A3 u. C1). Die weiteren Nennungen sind firmenspezifische Erfahrungen, die nur von wenigen Unternehmen geteilt werden. Dies ist daran zu sehen, dass bei der Frage nach negativen Erlebnissen teilweise genau gegensätzliche Erfahrungen genannt werden. Beispielsweise kritisieren andere Unternehmen den hohen Zeitverlust beim Markteintritt und die Abstimmungsprobleme mit den indischen Partnern, während einzelne Firmen den schnellen Markteintritt positiv hervorheben (vgl. bspw. Interviews B1 u. B2).

Insgesamt wurden und werden derzeit noch die deutschen erneuerbare Energietechnologiefirmen mit verschiedenen Hindernissen konfrontiert, die sich grob in die vier Kategorien administrative, ökonomische, politische und kulturelle/mentalitätsbedingte Probleme einteilen lassen. Eine genaue Zuteilung ist dabei nicht immer möglich. Beispielsweise kann es sich bei zeitlichen Verzögerungen, die von der Mehrheit der Interviewpartner als Hindernis benannt werden, sowohl um ein administratives als auch um ein kulturelles Problem handeln (vgl. bspw. Interviews B1 u. D1).

Zu den administrativen Problemen zählen weiterhin bürokratische Hindernisse, wie der aufwändige Anmeldeprozess und die undurchsichtige Lizenzvergabe, die von vielen Unternehmen bemängelt werden (vgl. bspw. Interviews A1 u. B4). Darüber hinaus wird in diesem Zusammenhang auch die geringe Transparenz der Genehmigungsprozesse kritisiert (vgl. Interview A 4).

Aus ökonomischer Sicht beanstanden die Firmen vereinzelt, dass es zu Abstimmungsproblemen mit indischen Partnern über technische Besonderheiten und Kompetenzen kommt (vgl. Interviews B1, C2). Außerdem wird kritisiert, dass die Mitarbeiter, verglichen mit deutschen Standards, ihre Aufgaben weniger effizient erledigen, während es im Gegenzug teilweise sehr schwierig ist, hoch qualifizierte Mitarbeiter aufgrund des dynamischen Arbeitsmarktes langfristig an das Unternehmen zu binden (vgl. Interview C1). Für Firmen, die mit indischen Zulieferern zusammenarbeiten, stellt es sich vereinzelt als Problem dar, gute und zuverlässige Verkäufer von Vorprodukten zu finden (vgl. Interview D1). Darüber hinaus ist es schwierig, die Kundenwünsche genau zu verstehen und sich auf die Marktnachfrage einzustellen. Da es sich bei dem Unternehmen, das dieses Problem geäußert hat, um eine Firma handelt, die ausschließlich mit indischen Mitarbeitern vor Ort aktiv ist, handelt es sich bei diesem Kritikpunkt um ein wirtschaftliches und nicht um ein kulturelles oder mentalitätsbedingtes Hindernis (vgl. ebd.).

In die Kategorie der politischen Probleme fallen verschiede Ereignisse, die von einer Reihe der Firmen kritisiert werden. Ein häufiges Hindernis ist die Tatsache, dass eine hohe Fluktuation der politischen Ansprechpartner besonders auf lokaler und bundesstaatlicher Ebene zu beobachten ist. Ein Interviewpartner aus der Solarbranche bemängelt: „Einerseits ist das Wissen nicht da, wie die Realität aussieht und andererseits wechseln dann die, die vielleicht Bescheid wissen. Sie sind dann nach einem Jahr schon nicht mehr in der Regierung. Das ist mir in Indien jetzt schon öfter gerade in der Verwaltung mit Ansprechpartnern passiert. Dann kann man immer wieder von vorne anfangen.“ (Interview A 4).

Ebenfalls zu den politischen Problemen zählt die Erfahrung eines Unternehmens, dem in mündlicher Form Fördergelder von Seiten der Regierung, in diesem Fall eines Ministers der Landesregierung, für die Finanzierung eines Projektes in Aussicht gestellt worden waren, diese aber aus unbekannten Gründen nicht ausgezahlt werden konnten (vgl. Interview B1). In eine ähnliche Richtung geht die Kritik einer Firma, dass viele ehrgeizige Projekte im Bereich der erneuerbaren Energien von staatlicher Seite angekündigt werden, aber nur ein geringer Teil auch tatsächlich umgesetzt wird (vgl. Interview A1). Dies setzt nicht nur die Glaubwürdigkeit der Politik herab, sondern behindert die langfristige Planung der Unternehmen.

Darüber hinaus wird bemängelt, dass zwischen den einzelnen Bundesstaaten beachtliche Unterschiede sowohl von Seiten der Umsetzungsgeschwindigkeit nationaler Richtlinien als auch der eigenverantwortlichen Förderung und Rahmensetzung für erneuerbare Energien bestehen (vgl. bspw. Interview A3).

Aus der Solarbranche wird von einzelnen Unternehmen das Problem angesprochen, dass generell die festen Einspeisetarife für den Strom aus photovoltaischen Anlagen zu niedrig angesetzt sind (vgl. Interviews A3 u. A4).

Neben den bislang genannten Problemen treten laut Firmenaussagen einige Hindernisse auf, die sich durch kulturelle und/oder mentalitätsbedingte Unterschiede zwischen deutschen und indischen Geschäftspartnern ergeben. Während für deutsche Interviewpartner zeitliche Verzögerungen als Problem genannt werden, erkennen indische Gesprächspartner die Langsamkeit der Prozesse zwar an, sehen dies aber nicht als besonderes Problem an (vgl. bspw. Interviews B1, C2, D1).

Gerade von kleineren Großunternehmen, die bislang erst wenige oder noch gar keine festen Mitarbeiter vor Ort in Indien eingesetzt haben, wird darüber hinaus als geographisches Problem angesprochen, dass Indien von Deutschland sehr weit entfernt ist. In Indien sind die persönlichen Kontakte besonders entscheidend, wenn Unklarheiten oder Probleme auftreten. Telefonate und E-Mail-Kontakt reichen vielfach nicht aus, um über die Vorgänge in Indien informiert zu werden (vgl. bspw. Interview B1).

Ein weiteres kulturelles Problem aus deutscher Sicht ist die Tatsache, dass von indischer Seite sehr vorschnell Zusagen zu Projekten oder einer Zusammenarbeit gegeben werden, ohne dass genaue Marktkenntnisse und das technische Know-how vorhanden sind (vgl. bspw. Interview A1).

Da die Mehrheit der interviewten Unternehmen sich derzeit noch nach eigenen Angaben in der Anfangsphase ihres Engagements in Indien befindet, sind die Probleme größtenteils noch nicht behoben. Abbildung 10 fasst noch einmal die wesentlichen Probleme zusammen, mit denen die deutschen Unternehmen in der Anfangsphase auf dem indischen Subkontinent konfrontiert wurden und werden.

Verglichen mit den Äußerungen zu den positiven Erfahrungen zu Beginn des Markteintritts fallen die Nennungen zu den Hindernissen sehr zahlreich und detailliert aus. Vor diesem Hintergrund ist es interessant zu analysieren, wie die Unternehmen den indischen Markt aus Firmensicht einschätzen, wie sie ihr Engagement vor Ort bislang bewerten und welche Zukunftspläne sie für ihr Unternehmen in Indien entwickeln.

Abbildung 10: Probleme der deutschen Unternehmen in der Anfangsphase

Administrativ:	**Ökonomisch:**
• Zeitliche Verzögerungen • Bürokratische Hindernisse • Keine Genehmigungstransparenz	• Abstimmungsprobleme mit Partnern • Arbeiter weniger effizient im Vergleich mit Deutschland • Langfristige Bindung guter Mitarbeiter problematisch • Gute Zulieferer schwer zu finden • Kundenwünsche zu verstehen ist schwierig
Politisch:	**Kulturell/mentalitätsbedingt:**
• Staatliche Projekte angekündigt, aber nicht umgesetzt • Feste Einspeisetarife für PV zu niedrig • Unterschiede zwischen den Bundesstaaten • Ansprechpartner in der Politik wechseln • Fördergelder von Regierung mündlich zugesagt, aber nicht abrufbar	• Markt von Deutschland sehr weit entfernt, persönliche Kontakte entscheidend • Zeitliche Verzögerungen • Vorschnelle Zusagen ohne genaue Marktkenntnisse und Know-how

Quelle: eigene Darstellung

Einschätzungen des indischen Marktes und des Engagements des Unternehmens in Indien

Ein wichtiger Faktor bei der Entscheidung eines Unternehmens über den reinen Export hinaus in einem Land aktiv zu werden, sind die Bedingungen auf dem Arbeitsmarkt. Gerade in einem Schwellenland wie Indien, in dem die Lohnkostenvorteile und weniger strenge Arbeitsvorschriften als Vorteil gelten, können die Erfahrungen der Unternehmen zur Bewertung des indischen Marktes für erneuerbare Energien beitragen.

Von den zehn interviewten Firmen haben im Bereich der erneuerbaren Energietechnologie sechs Unternehmen zusammen knapp 370 Arbeitsplätze in Indien geschaffen. Dabei variiert die Zahl zwischen einem und 130 Beschäftigten. Vielfach wird von den Unternehmen bemängelt, dass es sehr schwer ist, qualifizierte Mitarbeiter einzustellen und diese auch langfristig zu halten. Als Folge davon werden die Gehälter der Angestellten in den kommenden Jahren zwischen 10 und 20% jährlich steigen (vgl. bspw. Interviews A2 u. C2). Während dies von Teilen der Firmen als bedenklich erachtet wird (vgl. bspw. Interviews A 2 u. D1), empfinden andere Unternehmen dies nicht als Problem. Ein Interviewpartner aus der Bioenergiebranche sieht, dass die Löhne „steigen mit einem Wachstum von fast 10% pro Jahr. Aber okay, 10% von nichts ist noch immer nichts. Ein guter Ingenieur kostet 500 bis 800 Euro. Im Vergleich zu Deutschland ist es wenig." (Interview B2).

Ein Vergleich der Arbeitsbedingungen mit Deutschland zeigt, dass sich die Firmen, die Mitarbeiter in Indien beschäftigen, weitgehend einig sind, dass in Indien längere Arbeitszeiten verlangt werden (vgl. bspw. Interviews A1 u. C1). Während in Indien generell der Samstag als Arbeitstag zählt, werden Überstunden meistens nicht bezahlt (vgl. bspw. Interviews B2 u. D1). Unternehmen begründen diese Unterschiede zu Deutschland damit, dass die Arbeitsproduktivität indischer Mitarbeiter geringer ist (vgl. ebd).

Neben den Arbeits- und Arbeitsmarktbedingungen sind für die lokale Einbindung des Unternehmens die Zuliefererbeziehungen von Bedeutung. Die Hälfte der interviewten Unternehmen beziehen Komponenten im Bereich der erneuerbaren Energietechnologie von indischen Firmen. Mehrere der Unternehmen beurteilen die Zulieferbedingungen als gut (vgl. Interviews A2, C1, D1), während eine Firma die Zusammenarbeit als sehr gemischt bewertet (vgl. Interview A4). Einig sind sich alle Unternehmen, dass die Qualität der Komponenten sehr zufriedenstellend ist. Im Gegensatz dazu hat bereits eine deutsche Firma aus der Branche der Solarenergie in der Vergangenheit negative Erfahrungen mit der Qualität der Arbeit indischer Komponentenhersteller gemacht und bezieht als Konsequenz daraus keine Produkte mehr vor Ort (vgl. Interview A1). Ein weiteres Unternehmen, welches Komponenten in Indien beschafft, gibt zu bedenken, dass es teilweise sehr schwierig sein kann, gute Zulieferer zu finden (vgl. Interview D1).

Vor dem Hintergrund des Konzeptes der Ökologischen Modernisierung in Indien ist es von Interesse, ob die deutschen Unternehmen der Meinung sind, dass ihre Aktivitäten in Indien zu Technologietransfer führen würden. Die große Mehrheit der interviewten Firmen ist sich einig, dass es zu einem Know-how- und Technologietransfer durch ihr Engagement in Indien kommt. In welcher Form dies geschieht, ist von Unternehmen zu Unternehmen unterschiedlich. Während einzelne Firmen die Ansicht vertreten, dass der Transfer nur betriebsintern durch Ausbildung der eigenen Mitarbeiter stattfindet (vgl. Interviews C1 u. D1), engagieren sich vereinzelte Firmen bewusst in der Aus- und Weiterbildung der indischen Partner und Kunden. Dies wird auch als besonderes Leistungsangebot von Firmenseite unterstrichen (vgl. Interviews A1 u. A4). Insgesamt hilft das Engagement der deutschen Unternehmen, die Qualität auf dem indischen Markt der erneuerbaren Energietechnologie zu verbessern und neue Technologien vor Ort bekannt zu machen (vgl. bspw. Interviews A2 u. B3).

Dabei befürchtet der Großteil der Firmen nicht, dass es zu einem ungewollten horizontalen Technologietransfer kommt. Zwar besteht die Möglichkeit, dass andere Firmen in einzelnen Fällen versuchen werden, die Technologie nachzubauen, dies stellt aber kein Problem dar (vgl. Interviews B1 u. B2). Dabei werden von den Interviewpartnern immer wieder Parallelen zu China gezogen, wo dies ihrer Meinung nach ein schwerwiegenderer Nachteil ist (vgl. bspw. Interviews A4 u. B1).

Im Rahmen der unternehmensspezifischen Erfahrungen spielen vor dem Hintergrund der ausführlich geschilderten Probleme die Bewertung des bisherigen Engagements sowie die Zukunftserwartungen der deutschen Unternehmen in Indien eine wichtige Rolle.

Zunächst einmal ist festzuhalten, dass der Stellenwert Indiens im Internationalisierungsprozess der deutschen Firmen bei der Hälfte der befragten Unternehmen derzeit eine untergeordnete Bedeutung einnimmt (vgl. bspw. Interviews A4 u. B3). Begründet wird dies mit dem geringen Marktvolumen in absoluten Zahlen (vgl. bspw. Interview A1). Für einzelne Firmen stand der indische Markt in der Vergangenheit schon stärker im Fokus des Unternehmensinteresses. Durch den Boom der erneuerbaren Energien in Europa und die Probleme der Firmen in Indien wurde die Bedeutung des Subkontinents zurückgedrängt (vgl. Interviews A 1 u. B1). Trotzdem betonen die Interviewpartner, dass Indien in drei bis fünf Jahren eine wichtige Rolle spielen wird, was das derzeitige Engagement rechtfertigt (vgl. Interviews A4 u. B1). „Von daher denke ich, ist es jetzt der ideale Zeitpunkt, um sich in dem Markt zu etablieren. (...) Der Markt ist noch nicht verteilt, sondern ist jetzt gerade dabei, sich erst zu bilden." (Interview A4). Das Zitat macht deutlich, dass einige Unternehmen, die sich derzeit schon in Indien positionieren, dem Land mittel- und langfristig einen höheren Stellenwert beimessen.

Die andere Hälfte der interviewten Firmen sieht bereits heute Indien als einen Fokusmarkt ihres Unternehmens an (vgl. bspw. Interviews B2, C1, C2). Als Grund werden das hohe prozentuale Wachstum des Marktes und die geringen Produktionskosten angegeben (vgl. bspw. Interviews A2 u. D1).

Während eine Beurteilung des bisherigen Engagements in Indien bei den drei Unternehmen, die derzeit den Markteinstieg vor Ort vorbereiten, noch zu früh ist, sind viele der in Indien etablierten Unternehmen mit ihrer Situation sehr zufrieden und sehen ihre Erwartungen erfüllt (vgl. bspw. Interviews A2, B2, C1, C2, D1). Eine Firma beurteilt ihr Engagement eher negativ. Sie begründet dies mit den zeitlichen Verzögerungen, den Abstimmungsschwierigkeiten mit den indischen Partnern in technischen Fragen sowie schlechten Erfahrungen im Zusammenhang mit der Finanzierung staatlicher Projekte (vgl. Interview B1). Ein weiteres Unternehmen differenziert seine Beurteilung dahingehend, dass es sich zufrieden zeigt mit der Entwicklung der langfristigen Geschäftsbeziehungen, jedoch von der Marktentwicklung eher enttäuscht ist. Aus Sicht der Firma ist der indische Markt für erneuerbare Energien langsamer gewachsen als erwartet (vgl. Interview A1).

Insgesamt fällt auf, dass Unternehmen, die ihr Engagement in Indien als sehr positiv beurteilen, hauptsächlich zu den sehr großen, global agierenden Unternehmen zählen. Vielfach geben sie an, durch die frühere Etablierung anderer Unternehmenszweige einen Vorteil bei der Markterschließung im Segment der erneuerbaren Energien gehabt zu haben (vgl. bspw. Interviews C1, D1). Die positive Beurteilung kann auch damit zusammenhängen, dass einzelne dieser Unternehmen einen vergleichsweise langen Zeitraum in Indien im Bereich der erneuerbaren Energien aktiv sind.

Während die Firmen in der Beurteilung ihrer bisherigen Erlebnisse Unterschiede aufweisen, sind sich alle Unternehmen einig, dass sie ihr Engagement auf dem indischen Subkontinent in Zukunft ausweiten wollen (vgl. bspw. Interviews A2, C1, C2). Die Strategie, die die Unternehmen vor Ort verfolgen, um sich in Zukunft erfolgreich zu positionieren, ist dabei sehr unterschiedlich und hängt neben den Rahmenbedingungen der einzelnen Branchen auch mit firmeninternen Faktoren zusammen. Die Mehrheit der deutschen Unternehmen plant zunächst eine Kapazitäts- und/oder Projektausweitung und damit eine Fokussierung auf den indischen Binnenmarkt (vgl. bspw. Interviews B2 u. D1). Daneben spielen vielfach auch technische Verbesserungen und die Reduzierung der Kosten eine wichtige Rolle für die erfolgreiche Marktetablierung in der Zukunft (vgl. bspw. Interviews B1 u. C1). Einige Firmen können sich nach eigenen Angaben mittelfristig die Etablierung Indiens als Produktionsstandort sehr gut vorstellen (vgl. Interviews C1 u. D1). Dennoch werden mehrere Firmen aus heutiger Sicht auch in Zukunft die Produktion nicht nach Indien verlegen (vgl. bspw. Interviews A4 u. B3). Langfristig können sich einige Unternehmen vorstellen, nach der Erschließung des Binnenmarktes von Indien aus in andere Länder zu exportieren (vgl. bspw. Interviews A2 u. D1). Eine Firma plant darüber hinaus, Indien als Hauptsitz für den südostasiatischen Markt aufzubauen (vgl. Interview B2).

Insgesamt zeigen die Zukunftspläne der Unternehmen, dass Indien mittel- bis langfristig ein wichtiger Markt im Bereich der erneuerbaren Energien im Internationalisierungsprozess der interviewten deutschen erneuerbare Energietechnologiefirmen sein wird. Vor dem Hintergrund der vielfachen Anfangsschwierigkeiten und derzeitigen Hindernisse setzten die Unternehmen aufgrund des großen Marktpotenzials zukünftig hohe Erwartungen in ihr Engagement in Indien.

7.3.2 Erneuerbare Energietechnologie in Indien

Nach der Konzentration auf unternehmensspezifische Erfahrungen und Bewertungen des Markteinstiegs in Indien, werden im Folgenden die Einschätzungen der Interviewpartner zu Alleinstellungsmerkmalen, Rahmenbedingungen, allgemeinen Zukunftsperspektiven und Markteinstiegshilfen ausgewertet.

Die interviewten deutschen Unternehmen ordnen Indien eine Reihe von Alleinstellungsmerkmalen zu, die das Land in Bezug auf erneuerbare Energien interessant machen und es dadurch von anderen Märkten abhebt. Dazu zählt im politischen Bereich besonders das MNRE, welches den politischen Willen zur Förderung der erneuerbaren Energien unterstreicht (vgl. bspw. Interviews A1 u. C1).

Die Unternehmen aus dem Bereich der Solarenergie betonen das riesige natürliche Potenzial aufgrund der hohen jährlichen Sonneneinstrahlung sowie den enormen Bedarf an ländlicher Elektrifizierung. In ländlichen Gebieten ist Solarenergie vielfach schon heute die einzige Alternative (vgl. Interviews A1, A2, A3, A4).

Die Unternehmen aus der Bioenergiebranche sehen in Indien einen der wichtigsten Zukunftsmärkte für ihre Branche. Indien ist ein Agrarstaat und wird dies auch noch in den nächsten Jahren bleiben. Das Angebot an organischen Abfällen ist gigantisch und das Potenzial an Müllverbrennungsanlagen enorm (vgl. Interviews B1, B2, B3).

Firmen aus der Windkraft- und Wasserkraftbranche führen die stark wachsende Energienachfrage sowie das große Potenzial der erneuerbaren Energietechnologie in Indien zur Reduzierung des weltweit klimaschädlichen Kohleverbrauchs als weitere Alleinstellungsmerkmale auf (vgl. Interviews C1 u. D1).

Bei der Einschätzung der Entwicklung der zukünftigen Rahmenbedingungen für erneuerbare Energien sind sich alle Firmen einig, dass die Bedingungen generell im Verlauf der Jahre immer vorteilhafter werden (vgl. bspw. Interviews B2, B3, C1). Als Einzelaspekte heben viele Unternehmen ein stärker werdendes Engagement der Politik im Bereich der erneuerbaren Energien und des Umweltschutzes hervor, was die Marktbedingungen für diese Technologie verbessern wird (vgl. bspw. Interviews A1, C2, D1). Des Weiteren wird allein durch das anhaltende Wirtschaftswachstum die Nachfrage nach erneuerbaren Energien, wie nach allen anderen Energieträgern ebenso, erhöht werden (vgl. bspw. Interviews A1 u. B2). Vor diesem Hintergrund weist ein Interviewpartner darauf hin, dass die in 2008 diskutierte Fokussierung auf Nuklearenergie im Zusammenhang mit dem Abkommen zwischen Indien und den Vereinigten Staaten von Amerika zur Zusammenarbeit und der Lieferung von radioaktivem Material die Rahmenbedingungen für erneuerbare Energien nicht beeinträchtigen wird (vgl. Interview C1). Einen weiteren Vorteil für die Bedingungen der erneuerbaren Energien sehen einzelne Firmen darin, dass im Laufe der Jahre die Kosten der fossilen Energieträger aufgrund der Endlichkeit der Vorkommen immer weiter steigen werden. Dadurch wird die erneuerbare Energietechnologie vergleichsweise günstiger werden (vgl. Interviews A4 u. B1).

Mittel- bis langfristig[14] vermuten die interviewten Unternehmen eine durchweg positive Entwicklung des indischen Marktes für erneuerbare Energietechnologie mit zweistelligen Wachstumsraten pro Jahr (vgl. bspw. Interviews C1 u. D1). Bei einer Unterscheidung zwischen den einzelnen Technologiebranchen fällt auf, dass die Interviewpartner für die Branche, in der ihr Unternehmen tätig ist, den Markt mittel- bis langfristig im Vergleich zu den anderen Teilbranchen besonders vorteilhaft einschätzen (vgl. bspw. Interviews A2, B2, C2, D1).

Die Firmen aus der Solarbranche sehen sowohl für die netzgekoppelte als auch für die netzferne Stromerzeugung gute Zukunftsaussichten (vgl. bspw. Interviews A1 u. A3). Mittelfristig werden indische Firmen immer mehr dazu in der Lage sein, ohne deutsche Hilfe die Wertschöpfung zu erhöhen (vgl. Interview A4).

Im Bereich der Bioenergie schätzen die interviewten Unternehmen, dass Indien in fünf bis zehn Jahren einer der weltweit größten Märkte der Branche sein wird (vgl. Interview B1). Entscheidende Vorbedingung hierfür ist allerdings, dass die Diskussion „Biomasse versus Nahrungsmittel" nicht den Ruf der Technologie schädigt (vgl. Interview B2). Ein Unternehmen, welches selbst neben der Vergasung von biogenen Reststoffen auch eine Technologie für die Energiegewinnung aus städtischem Müll entwickelt, sieht in diesem Bereich ebenfalls langfristig gute Entwicklungsmöglichkeiten für den indischen Markt (vgl. Interview B3).

[14] In den nächsten 3 bis 20 Jahren.

Bei einem heutigen Markteinstieg ausländischer Unternehmen halten die interviewten Firmen, unabhängig von ihrer eigenen Wahl, unterschiedliche Rechtsformen für zukunftsfähig. Während einzelne Unternehmen betonen, dass die Form je nach Strategie der betreffenden Firma unterschiedlich sei (vgl. Interviews A1 u. D1), favorisieren mehrere Firmen die Gründung einer 100%igen Tochtergesellschaft mit der Begründung, dass die Marktliberalisierung so weit vorangeschritten ist, dass ein *Joint Venture* nicht mehr nötig ist (vgl. bspw. Interviews A2 u. A4). Im Gegensatz dazu sind einige andere Unternehmen der Meinung, dass die Erschließung des indischen Marktes für erneuerbare Energietechnologie durch die Zusammenarbeit in einem *Joint Venture* auch für die Zukunft die bessere Variante ist. Für kleinere Firmen ist die Gründung einer 100%igen Tochtergesellschaft zu kostenaufwendig. Außerdem können die Marktkenntnisse und das Kontaktnetzwerk der indischen Partner große Vorteile bringen (vgl. bspw. Interviews B2 u. C1). Ein Unternehmen hält es auch zukünftig für sinnvoll, wenn Indien im Internationalisierungsprozess der Firma keine herausragende Rolle übernehmen soll, lediglich über Lieferbeziehungen auf dem Subkontinent aktiv zu werden (vgl. Interview B3). Somit wird deutlich, dass bei der Vielzahl der deutschen Großunternehmen, die die finanziellen und personellen Ressourcen haben, eine eigene Tochtergesellschaft in Indien zu gründen, durchaus das Bewusstsein dafür besteht, dass bei kleineren Unternehmen mit geringerer Kapitalausstattung ein *Joint Venture* vorteilhaft sein kann.

Des Weiteren sind sich die interviewten Firmen, bis auf wenige Ausnahmen, darin einig, dass generell noch ein großer Bedarf an externer Beratung im Bereich der erneuerbaren Energietechnologie in Indien besteht (vgl. bspw. Interviews A4, B3, C2). Dabei werden unterschiedliche Bereiche genannt, in denen die externe Unterstützung besonders nachgefragt wird. Zum einen sind dies Beratungsangebote für indische Firmen, da bei ihnen zwar ein sehr großes Interesse an erneuerbarer Energietechnologie vorhanden ist, aber das fachliche Wissen und die Marktkenntnisse oft sehr lückenhaft sind (vgl. Interviews A1, C2). Zum anderen besteht ein großer Bedarf an Steuer- und Rechtsberatern, die sich mit den indischen Besonderheiten auskennen und die wachsende Zahl internationaler Firmen auf dem Markt für erneuerbare

Energien unterstützen können (vgl. Interview B1). Darüber hinaus wird aufgrund der Diversifiziertheit des indischen Subkontinents eine Nachfrage nach lokalen Beratern gesehen, die sich bei Projekten vor Ort auskennen und sich mit lokalen Entscheidungsträgern auseinandersetzen (vgl. Interviews A2 u. B2).

Die allgemeinen Einschätzungen der Interviewpartner unabhängig von den firmenspezifischen Erfahrungen zeigen, dass der Markt für erneuerbare Energietechnologie in Indien aus heutiger Sicht große Potenziale für die Zukunft bereithält. Allerdings ist der Markt weder für indische noch für ausländische Unternehmen leicht zu erschließen und erfordert gute Beratung und starke Partner.

7.3.3 Erfolgsfaktoren für deutsche Unternehmen im Bereich der erneuerbaren Energietechnologie

Aus Sicht der interviewten Unternehmen weisen deutsche Firmen im Bereich der erneuerbaren Energien eine Reihe von Alleinstellungsmerkmalen auf, die für sie bei der Markterschließung neuer Länder von Vorteil sein können. Ein Großteil der Gesprächspartner sieht die hochwertige Technologie und die verlässliche Qualität deutscher Produkte in der Branche als wichtiges Alleinstellungsmerkmal an (vgl. bspw. Interviews A1, A3, C2, D1). Darüber hinaus haben die deutschen Hersteller in allen Teilbranchen noch einen Entwicklungsvorsprung gegenüber den meisten anderen Ländern, der ihnen Vorteile auf den ausländischen Märkten verschafft (vgl. Interview B3). Zudem hat kaum ein anderes Land so viel Erfahrung mit der Anwendung der Technik wie Deutschland. Bei genügender Flexibilität in der Anpassung auf die jeweiligen Marktverhältnisse kann dies den Unternehmen von großem Nutzen sein (vgl. Interviews A4, B1, C1). Als weiteres Alleinstellungsmerkmal wird vielfach betont, dass Produkte mit der Aufschrift *„made in Germany“* im Allgemeinen und bei der erneuerbaren Energietechnologie im Besonderen einen sehr guten Ruf sowohl international als auch in Indien genießen. Dies erleichtert häufig die Vermarktung der Produkte, da das Interesse der indischen Kunden geweckt wird (vgl. bspw. Interviews A2, u. B2).

In einem weiteren Punkt sind sich die befragten Unternehmen einig. Sie sind davon überzeugt, dass die deutsche Technologie im Bereich der erneuerbaren Energien derzeit einen Innovationsvorsprung gegenüber der Technologie von Mitkonkurrenten aus anderen Ländern hat (vgl. bspw. Interviews A1, B2, B3). Allerdings gehen einige Unternehmen, besonders aus der Solarbranche, davon aus, dass sich der Vorsprung mittelfristig verringern wird, da sowohl die Markteintrittsbarriere niedrig als auch die Technologie wenig komplex ist (vgl. bspw. Interviews A1, A4). Andere Firmen sind der Meinung, dass der Innovationsvorteil auch auf mittlere Sicht bestehen bleibt. Als Grund geben sie die hoch entwickelte, komplizierte Technologie an, die nicht einfach zu rekonstruieren ist (vgl. Interviews B3 u. C1).

Um die Marktführerschaft weiterhin halten zu können, setzen die Unternehmen auf ein Bündel verschiedener Maßnahmen. Die große Mehrheit gibt an, besonders in den Bereich Forschung und Entwicklung zu investieren (vgl. bspw. Interviews A4, B1, D1). Einzelne Unternehmen beziffern die Ausgaben auf einen prozentualen Anteil von 6-7% des Gesamtumsatzes des Unternehmens (vgl. Interviews B2 u. C1). Strategien, die in diesem Zusammenhang von den deutschen Unternehmen zur Sicherung der Marktführerschaft durchgeführt werden, sind die Verbesserung der Effizienz und der Anwenderfreundlichkeit der Produkte (vgl. Interview B2).

Des Weiteren versuchen viele Unternehmen durch eine Reduktion der Kosten den Wettbewerbsvorteil aufrecht zu erhalten (vgl. bspw. Interviews A1, A3, C2, D1). Insgesamt wird bei den interviewten Firmen, entsprechend eines der wichtigsten Alleinstellungsmerkmale deutscher Unternehmen, ein Fokus auf die ständige Verbesserung der Qualität gesetzt.

Als Folge des Innovationsvorsprungs deutscher Unternehmen sieht die Mehrheit der Interviewpartner derzeit in indischen Firmen der Branche noch keine Konkurrenz (vgl. bspw. Interviews A4, B2, C1). Obwohl in allen Teilbranchen indische Unternehmen auf dem Markt aktiv sind, bewegen sie sich aufgrund der Qualitätsunterschiede im Vergleich zu deutschen Firmen in anderen Marktsegmenten (vgl. bspw. Interviews A3 u, B1).

Lediglich einzelne Unternehmen aus dem Bereich der Wind- und Wasserkraft unterstreichen, dass indische Firmen schon heute im Marktwettbewerb als gleichwertige Gegner auftreten (vgl. Interviews C2, D1). Die Entwicklung der Wasserkrafttechnologie für große Kraftwerke wurde seit der Gründung der Republik von der indischen Regierung gefördert. Im Bereich der Windenergie hat ein indisches Unternehmen eine führende nationale und internationale Position inne.

Auch Unternehmen aus dem Bereich der Solarenergie nehmen die große Zahl indischer Konkurrenten gerade in der Modulproduktion wahr (vgl. bspw. Interview A 3). Ein Interviewpartner macht dies deutlich, indem er sagt: „In Indien fokussieren wir uns mehr auf den Vertrieb von Solarzellen, da Standardmodule auf dem Markt eher schwieriger zu vertreiben sind, weil es viele inländische Hersteller gibt, die zu viel geringeren Kosten produzieren können und auch zu ganz anderen Qualitätsstandards, die der Markt braucht." (Interview A 1).

Darüber hinaus scheinen die Markteintrittsbarrieren in dieser Branche gering, da neue Unternehmen sich die Mitarbeiter und damit das Know-how am Markt einkaufen. Trotzdem haben indische Firmengründer teilweise sehr geringe Vorstellungen davon, wie die Realität der Solarbranche vor Ort aussieht (vgl. Interviews A1 u. A2).

Langfristig rechnen einige der interviewten Unternehmen besonders aus der Bioenergiebranche damit, dass die Produkte indischer Firmen verstärkt in Konkurrenz zu den deutschen Leistungsangeboten treten, was den Erfolg der deutschen Unternehmen beeinträchtigen könnte (vgl. bspw. Interviews B2 u. B3).

Trotz der verschiedenen positiven Alleinstellungsmerkmale und des derzeitigen Konkurrenzvorsprungs deutscher Unternehmen gegenüber indischen Firmen erwarten die meisten der befragten Unternehmen kurzfristig noch keine Ausweitung des Engagements deutscher Firmen in Indien (vgl. bspw. Interviews A1 u. B2). Andere Märkte sind im Moment für deutsche Unternehmen interessanter (vgl. Interview A 4). Einig sind sich die interviewten Firmen darin, dass sich die Markteintritte in dem Moment häufen, in dem der Markt sich weiter stabil entwickelt und reproduzierbare Erfolgsmodelle publik gemacht werden (vgl. bspw. Interviews A3 u. B2). China und Indien sind besonders interessante Zukunftsmärkte (vgl. Interview C1). Ein Interviewpartner aus der Bioenergiebranche fasst treffend zusammen: „Der indische Markt braucht erneuerbare Energien, und die Deutschen haben viele erneuerbare Energietechnologien. Das ist meiner Meinung nach ein ganz natürlich zu erwartender Prozess, dass sich das Engagement ausweitet.“ (Interview B3).

Lediglich ein Gesprächspartner aus dem Bereich der Wasserkraft trifft eine Unterscheidung zwischen den Branchen. Er ist der Meinung, dass alle wichtigen *Global Player* im Segment der Wasserkraft schon in Indien vertreten sind und erwartet demnach keine Ausweitung des Engagements weiterer deutscher Firmen. In den anderen Branchen sieht er diese Entwicklung allerdings schon (vgl. Interview D1). Zumindest als Zulieferer dürfte dennoch auch für deutsche Unternehmen im Bereich der Wasserkraft die Möglichkeit eines Markteintrittes in Indien bestehen.

Abschließend bleibt festzuhalten, dass die Analyse der Firmenmeinungen zu den Erfolgsfaktoren deutscher Unternehmen der erneuerbaren Energietechnologie deutlich zeigt, dass die Firmen bewusst eine Führungsrolle auf internationaler Ebene, besonders dem indischen Markt, ausüben. Diese begründen sie mit den zahlreichen Alleinstellungsmerkmalen, die sie derzeit gegenüber der internationalen Konkurrenz auszeichnet. Kurzfristig sehen sich die momentan in Indien aktiven Unternehmen aus Deutschland noch als Pioniere, erwarten im Laufe der Jahre aber eine deutliche Ausweitung des Wettbewerbs sowohl von indischer als auch von deutscher Seite. Um sich auch zukünftig auf dem internationalen Markt behaupten zu können, investieren die interviewten Firmen in vielfältige Maßnahmen zur Sicherung ihres Erfolges.

7.4 Zusammenführung der Ergebnisse

Nach der getrennten Analyse der Experteninterviews und der Unternehmensbefragung ist es Ziel dieses Kapitels, die Erkenntnisse aus den beiden Untersuchungen zusammenzuführen, um zu gesicherteren Ergebnissen der empirischen Erhebungen zu kommen. Aufgrund der geringen Fallzahl und der beiden unterschiedlichen qualitativen Erhebungsmethoden wird kein Anspruch auf Allgemeingültigkeit der Ergebnisse erhoben. Vielmehr sollen Trends aufgezeigt werden, die sich auf dem sehr jungen Markt der erneuerbaren Energien in Indien andeuten und durch unterschiedliche Akteure verschiedener Ebenen unterstützt werden.

Neben der Überprüfung der sechs Thesen aus Kapitel 7.2 werden im Folgenden Gemeinsamkeiten und Unterschiede der zwei Erhebungen herausgearbeitet.

Ein Vergleich der beiden Befragungen zeigt, dass viele Aspekte im Zusammenhang mit den Möglichkeiten, Problemen und Zukunftsperspektiven deutscher Unternehmen in Indien von den zwei Gruppen ähnlich eingeschätzt werden. Andere Aussagen decken sich wiederum nicht miteinander oder führen zu einer differenzierteren Betrachtung des indischen Marktes für erneuerbare Energietechnologie. Darüber hinaus gibt es Einschätzungen, die zwar auf allgemeiner Ebene von beiden Gruppen geteilt werden, im Handeln der Firmen jedoch bislang noch nicht umgesetzt werden.

Im Zuge der Möglichkeiten, die der indische Markt den Unternehmen bietet, deckt sich der überwiegende Teil der Aussagen der Experten mit den positiven Erfahrungen, die die deutschen Unternehmen bereits in Indien gemacht haben (vgl. hierzu auch Tabelle 8 und 9 sowie Abbildung 8). Insgesamt besteht nicht nur großes Interesse von politischer, sondern auch von wirtschaftlicher Seite an erneuerbaren Energien. Von einem Teil der Experten und Firmen werden ebenso die Arbeits- und Produktionsbedingungen positiv hervorgehoben.

Die Vorteile und Chancen, die die Experten speziell für deutsche Unternehmen der Branche auf dem indischen Subkontinent sehen, stimmen vielfach mit den Alleinstellungsmerkmalen überein, die nach Firmenmeinung den Erfolg der deutschen Unternehmen ausmachen. Herauszustellen sind in diesem Zusammenhang der Technologievorsprung im Bereich der erneuerbaren Energien, der gute Ruf deutscher Produkte in Indien sowie die langjährige Erfahrung mit der Technologie.

Eine Einschätzung der Möglichkeiten der einzelnen Branchen der erneuerbaren Energien in Indien bleibt auf die Aussagen der Experten beschränkt (siehe hierzu Kapitel 7.1.1 und 7.2). Zum einen haben die interviewten Experten einen größeren Blickwinkel auf alle Branchen, da sie, bis auf eine Ausnahme, nicht einzelnen Branchen zugeordnet werden, sondern sich im Rahmen ihrer beruflichen Tätigkeit mit erneuerbaren Energien als Oberthema beschäftigen. Dadurch können sie gut Vergleiche zwischen den Branchen ziehen. Zum anderen haben die Gesprächspartner aus den Unternehmen oft nicht genügend Kenntnisse über die Möglichkeiten anderer Branchen und bewerten die Branche, in der ihr Unternehmen tätig ist, verständlicherweise sehr positiv. Gleiches gilt für die Probleme und Zukunftsperspektiven der einzelnen Branchen.

Wie bereits in der Auswertung der Experteninterviews deutlich geworden ist, gibt es auf dem indischen Subkontinent bestimmte Regionen, die für Ansiedlung von Firmen der erneuerbaren Energiebranche günstige Voraussetzungen bieten. Ein Vergleich mit der tatsächlichen regionalen Verteilung der deutschen Unternehmen aus Kapitel 6.3 bestätigt dies weitgehend.

Ergänzt werden können diese Ergebnisse mit den Kriterien, die die befragten Firmen als Begründung für die Wahl des Niederlassungsstandortes angegeben haben. Abbildung 11 fasst die Angaben noch einmal zusammen.

Abbildung 11: Gründe für die Wahl der Niederlassungsstandorte

Die räumliche Nähe zu:
den indischen Partnern
den Projekten
den Kunden
politischen Entscheidungsträgern
qualifizierten Arbeitskräften

Quelle: eigene Darstellung

Bei den Interviews der Firmen wird deutlich, dass räumliche Distanzen zu verschiedenen Akteuren einen Hauptgrund für die Standortentscheidung der Unternehmen spielen. Die Nähe zu Partnern, Kunden und politischen Entscheidungsträgern zeigt noch einmal, dass in Indien persönliche Kontakte als besonders wichtig angesehen werden. Die Förderpolitik der einzelnen Bundesstaaten und natürliche Rahmenbedingungen spielen, wie vielleicht aus den Äußerungen der Experten zu erwarten wäre, keine direkte Rolle bei der Standortwahl, wirken aber sicherlich indirekt durch die räumliche Verteilung der Kunden und Projekte auf die Entscheidung mit ein.

Die Möglichkeiten der finanziellen Förderung, wie die Gründung eines *Public-Private-Partnerships* oder der Verkauf von Zertifikaten im Rahmen des CDM, die von den Experten betont wurden, werden bislang kaum von Firmen in Anspruch genommen. Beide Möglichkeiten werden lediglich von einer einzigen Firma genutzt, die sehr zufrieden mit ihrer Entscheidung ist. Darüber hinaus nimmt ein Unternehmen Fördermöglichkeiten aus einem Programm der DENA in Anspruch. Gerade für mittelständische Unternehmen könnten diese Lösungen zukünftig eine interessante Chance zur Risikominimierung und Finanzierung bei Projekten in Indien sein.

Was die Wahl der Kunden angeht, werden sowohl von den Experten als auch von den Firmen größtenteils private Nachfrager gegenüber staatlichen Akteuren als vorteilhafter angesehen. Einige Unternehmen geben zu, dass sie staatlichen Projekten aufgrund schlechter Erfahrung und Warnungen sehr kritisch gegenüber eingestellt sind. Entsprechend hat derzeit in der Praxis nur ein Großkonzern sowohl private als auch staatliche Kunden in seinem Abnehmerkreis.

Bei der Beurteilung, ob ein *Joint Venture* oder eine eigene Tochterfirma die besseren Möglichkeiten in Indien bietet, sind sich sowohl die Experten, als auch die Unternehmen untereinander nicht einig. Zwar ist der Großteil der deutschen Unternehmen in Indien über eine 100%ige Tochterfirma aktiv, doch handelt es sich bei den Firmen um Großunternehmen, die global bereits gut vernetzt sind und die finanziellen Ressourcen für die Gründung einer Tochterfirma in Indien aufbringen können. Auch wenn der Trend insgesamt eher zu 100%igen Tochterfirmen geht, scheint es noch heute gerade für KMU gute Chancen zu geben, über ein *Joint Venture* den indischen Markt zu erschließen. Dies wird sowohl in der Praxis durch die Entscheidung für diese Unternehmensform von zwei deutschen Firmen als auch durch die Aussagen einiger Experten und Unternehmen deutlich.

Obwohl die Kostenstruktur als wichtiges Erfolgskriterium auf dem indischen Markt nicht nur von vielen Experten, sondern auch den Firmenvertretern unterstrichen wird, nutzen bislang noch nicht alle Unternehmen die Produktionskostenvorteile vor Ort. Von den interviewten Firmen planen allerdings kurz- bis mittelfristig schon drei Unternehmen die weitere Marktintegration durch eine eigene Produktion vor Ort. Insgesamt produzieren vier Unternehmen bereits heute in Indien. Drei Firmen können sich die Verlegung der Produktion nach Indien aufgrund von Qualitätsbedenken und der Firmenphilosophie derzeit nicht vorstellen. Insgesamt zeigt der Trend, dass Indien mittelfristig nicht nur als Absatz-, sondern auch als Produktionsstandort auf dem internationalen Markt für erneuerbare Energietechnologie an Bedeutung gewinnen wird und die Wertschöpfung zunehmend vor Ort stattfindet.

Bei der Beurteilung der Probleme des indischen Marktes für erneuerbare Energietechnologie lassen sich große Übereinstimmungen zwischen den Erfahrungen der Experten und der Firmen vor Ort feststellen. Zeitliche Verzögerungen gelten nicht nur unter den Experten als Problem Nr. 1, sondern werden auch von der großen Mehrheit der Unternehmen in der Praxis als Hindernis empfunden. Auch bei der Vielzahl an politischen Problemen decken sich die Nennungen fast vollständig (vgl. hierzu Tabelle 8 und Abbildung 9). Des Weiteren wird bei beiden Gruppen deutlich, dass es durch das geringe technische Wissen vor Ort für die Unternehmen schwierig werden kann, geeignete Partner und Mitarbeiter zu finden.

Neben den übereinstimmenden Nennungen werden von den Experten Aspekte angesprochen, die bei den Erfahrungen der Unternehmen vor Ort bislang kaum negativ aufgefallen sind oder als Problem empfunden wurden. Dazu gehören die mangelhafte Infrastruktur des Landes sowie Landnutzungskonflikte mit der Bevölkerung bei der Projektdurchführung. Was speziell die Probleme deutscher Unternehmen angeht, so sehen es die Unternehmen im Gegensatz zu einigen Experten nicht als problematisch an, dass ihre Produkte für den indischen Markt zu teuer seien. Auch werden kulturelle Unsicherheiten, anders als bei vielen Experten, nicht direkt als Problem identifiziert. Dies lässt darauf schließen, dass sich die deutschen Unternehmen vor Ort mit den Marktanforderungen auseinander gesetzt haben und sensibel gegenüber kultur- und mentalitätsbedingten Unterschieden zu sein scheinen. Letzteres wurde zudem vom Großteil der Experten als wichtiger Erfolgsfaktor auf dem indischen Markt angesprochen und teilweise in Bezug auf deutsche Unternehmen angezweifelt.

Ein Vergleich der Bewertung der Zukunftsperspektiven für erneuerbare Energien auf dem indischen Markt allgemein und im Besonderen für deutsche Unternehmen zeigt, dass die Einschätzungen beider Interviewgruppen durchgehend sehr positiv ausfallen. Es wird deutlich, dass die politischen, wirtschaftlichen und gesellschaftlichen Rahmenbedingungen mittel- bis langfristig die Entwicklung Indiens zu einem international bedeutenden Markt für erneuerbare Energietechnologie begünstigen werden.

Auch die Perspektiven der deutschen Unternehmen vor Ort scheinen in Zukunft aufgrund der vielfältigen Marktchancen auf dem indischen Subkontinent vorteilhaft zu sein. Die Gruppen sind sich weitgehend einig, dass der Technologievorsprung deutscher Firmen langfristig abnimmt. Dennoch hat die Befragung der Unternehmen gezeigt, dass diese schon heute zahlreiche Maßnahmen ergreifen, die ihren derzeitigen Qualitätsvorsprung, den guten Ruf und die Erfahrung mit immer neuerer Technologie möglichst lange in der Zukunft aufrecht erhalten werden.

Überprüfung der Thesen

Im folgenden Abschnitt werden die in Kapitel 7.2 auf Grundlage der Experteninterviews aufgestellten Thesen zu den Möglichkeiten, Problemen und Zukunftsperspektiven deutscher Unternehmen der erneuerbaren Energietechnologie in Indien anhand der Ergebnisse der Firmeninterviews überprüft.

These 1: *Die Anfangsphase in Indien gestaltet sich für die deutschen Unternehmen oft langwierig und birgt besonders viele Probleme.*

Tendenziell wird diese These durch die Erfahrungen der Firmen vor Ort unterstützt. Nach Expertenmeinung kann die Anfangsphase, bis das Unternehmen am Markt etabliert ist, in Indien bis zu vier Jahre dauern. Somit befinden sich sieben der zehn interviewten Firmen mit ihren Produkten im Bereich der erneuerbaren Energien noch in der Startphase auf dem indischen Markt. Ausgenommen von einem Unternehmen, das den Markteintritt insgesamt als schnell bezeichnet, aber dennoch die Langsamkeit der Anmeldung und Lizenzvergabe bemängelt, kämpfen alle Unternehmen, die sich derzeit in der Anfangsphase befinden, mit vielen Markteinstiegsproblemen. Neben der Suche nach geeigneten Geschäftspartnern und Mitarbeitern stellen vor allem die zeitlichen Verzögerungen aufgrund von bürokratischen Problemen sowie Abstimmungsschwierigkeiten mit Partnern und Kunden Anfangshürden dar. Unternehmen, die bereits längere Zeit am indischen Markt tätig sind, müssen zwar zum Teil mit ähnlichen Schwierigkeiten rechnen, können Probleme aber aufgrund von Kontakten schneller lösen und haben die Erfahrung, damit umzugehen. Ob die These voll und nicht nur tendenziell bestätigt werden kann, wird die Zukunft zeigen, wenn der Großteil der Unternehmen die Anfangsphase überwunden hat.

These 2: *Deutsche Unternehmen sollten ihre Produkte technologisch und preislich an die indischen Marktbedingungen anpassen.*

Nein, eine Anpassung an die indischen Marktbedingungen ist nicht in allen Branchen erforderlich. Im Bereich der Solarenergie ist eine technische Veränderung nicht nötig. Bei den anderen Branchen werden die Produkte von den meisten Firmen an die klimatischen Bedingungen angepasst. In der Branche der Bioenergie sind weitere Anpassungen aufgrund der Beschaffenheit des Rohmaterials sinnvoll. Generell ist der indische Markt preissensibel und die Firmen versuchen, die Produkte so günstig wie möglich anzubieten. Allerdings ist dies kein Merkmal, das ausschließlich auf den indischen Markt zutrifft.

These 3: *Die richtigen Partner und Mitarbeiter vor Ort zu finden, kann die Unternehmen vor große Herausforderungen stellen.*

Ja, trotz des theoretisch großen Potenzials an Arbeitskräften ist es für die deutschen Firmen schwierig, qualifizierte Mitarbeiter zu finden und zu halten. Die Wahl der richtigen Partner wird von den interviewten Unternehmen als ein Knackpunkt in der Marktetablierung genannt und erfordert größte Sorgfalt, da sehr viele indische Firmen die Zusammenarbeit mit deutschen Unternehmen suchen. Dabei hat sich gezeigt, dass nicht alle indischen Firmen über die notwendigen Marktkenntnisse, Kontaktnetzwerke und das Know-how verfügen, wie zunächst dargestellt worden war. Somit ist bei der Partnerwahl in Indien besondere Vorsicht geboten.

These 4: *Derzeit muss von deutschen Unternehmen sehr viel Pionierarbeit geleistet werden, die viel Zeit und beachtliche Investitionen in Anspruch nimmt. Die kulturellen, wirtschaftlichen und politischen Gegebenheiten stellen Anforderungen dar, die kleinen und mittleren Unternehmen stärkere Probleme bereiten als Großkonzernen.*

Tendenziell zeigen die Erfahrungen der bislang in Indien aktiven Unternehmen, dass ein Engagement in Indien gegenwärtig verglichen mit anderen Märkten zeit- und dadurch vielfach kostenintensiv ist. Besonders in den Branchen Solar- und Bioenergie sehen die Unternehmen sich gegenwärtig als Vorreiter, deren Erfolg oder Misserfolg Signale für weitere Unternehmen auf den bislang kleinen Märkten setzen wird. Durch die Tatsache, dass derzeit nur ein Unternehmen aus der Kategorie der KMU auf dem indischen Markt aktiv ist, ist es schwierig zu beantworten, ob KMU in Indien vor größere Probleme gestellt werden als Großkonzerne. Generell ist aber zu beobachten, dass die Großkonzerne ihr Engagement im Bereich der erneuerbaren Energien positiver beurteilen als (kleinere) Großunternehmen. Vielfach betonen die Großkonzerne, dass sie die Ressourcen, Kontaktnetzwerke und Erfahrungen des Mutterkonzerns mitnutzen können, was die Marktetablierung erleichtert.

These 5: *Indien ist besonders mittel- und langfristig ein interessanter Markt für deutsche Unternehmen und rückt erst langsam in den Fokus der Firmen.*

Ja, die Einschätzungen der interviewten Firmen zeigen eindeutig die in die Zukunft ausgerichtete Planung der Unternehmen. Das heutige Marktvolumen wird von den meisten Firmen nicht als Grund für die Marktpositionierung in Indien angesehen, vielmehr spielen die mittel- bis langfristigen Wachstumschancen des Marktes eine Rolle. Derzeit ist Indien noch kein Fokusmarkt für deutsche Unternehmen. Aufgrund der hohen Anforderungen bei der Markterschließung und der zahlreichen Wachstumsmärkte in Europa haben sich noch nicht viele deutsche Unternehmen für einen Markteintritt in Indien entschieden. Sobald aber der indische Markt für erneuerbare Energietechnologie wächst und reproduzierbare Erfolgsmodelle bekannt werden, ist anzunehmen, dass weitere deutsche Unternehmen den Subkontinent in ihre Internationalisierungsstrategie mit einbeziehen werden. Mittel- bis langfristig wird das Land nicht nur als Absatz- und Produktionsstandort an Bedeutung gewinnen, sondern könnte auch, wie sich heute bereits ankündigt, ein wichtiges Standbein für den Export in die umliegenden Regionen sein.

These 6: *Um sich in Indien langfristig zu positionieren, ist derzeit ein guter Zeitpunkt für einen Markteinstieg, da deutsche Firmen noch einen Technologievorsprung haben.*

Unter der Voraussetzung, dass die deutschen Unternehmen die Möglichkeit und den Willen besitzen, eine längere Einstiegsphase einzuplanen, sprechen mehrere Gründe für einen heutigen Markteinstieg. Die Einschätzungen der befragten Unternehmen haben bestätigt, dass deutsche Firmen derzeit einen Technologievorsprung auf dem indischen Markt besitzen, der die Etablierung erleichtert. Je nach Komplexität der Technologie ist zu erwarten, dass der Vorteil mittel- bis langfristig abnehmen wird. Für den heutigen Markteinstieg spricht zudem die Tatsache, dass der Markt insgesamt gesehen noch nicht aufgeteilt ist. Allerdings scheinen gerade in den Bereichen Wind- und Wasserkraft große, global agierende Unternehmen den Markt zu beherrschen. Bei angepassten hochwertigen Produkten dürfte aufgrund des enormen Potenzials dennoch auch in diesen Segmenten langfristig Potenzial für weitere Marktteilnehmer sein. Dass es schon heute möglich ist, sich erfolgreich auf dem indischen Markt für erneuerbare Energietechnologie zu positionieren, zeigt die überwiegend sehr zufriedenstellende Beurteilung des bisherigen Engagements der vor Ort aktiven Firmen.

Insgesamt hat die Zusammenführung der Ergebnisse aus der Experten- und Unternehmensbefragung gezeigt, dass die Einschätzung zu den Möglichkeiten, Problemen und Zukunftsperspektiven des indischen Marktes für erneuerbare Energietechnologie in der Mehrzahl der Aspekte übereinstimmt. Ebenso konnte der Großteil der Thesen durch die Ergebnisse der Unternehmensbefragung bestätigt werden. Teilweise wurden Ergänzungen und Voraussetzungen zur Unterstützung der Thesen formuliert, um der Vielfältigkeit des indischen Marktes für erneuerbare Energietechnologie gerecht zu werden.

8 Schlussbetrachtung

Die Erkenntnisse der vorliegenden Studie haben gezeigt, dass Indien nicht nur, aber besonders für deutsche Unternehmen aus der Branche der erneuerbaren Energien, auf dem Weg ist, ein interessanter Zukunftsmarkt zu werden. Dazu tragen sowohl verschiedene Eigenschaften der deutschen Unternehmen als auch die Standortbedingungen und Potenziale in Indien bei. Allerdings ist diese pauschale Betrachtung aufgrund der Differenziertheit der Branche der erneuerbaren Energietechnologie und des indischen Subkontinentes weiter zu untergliedern. Daher werden im folgenden Unterkapitel zunächst die wesentlichen Ergebnisse aus den verschiedenen Kapiteln in einer ganzheitlichen Betrachtungsweise zusammengefasst. Neben Rückgriffen auf die Literaturquellenanalyse zum Untersuchungsgebiet und der Entwicklung des indischen erneuerbare Energiemarktes, werden auch die theoretischen Ansätze mit den Ergebnissen der Studie verbunden. Obwohl der Großteil der Forschungsleitfragen bereits ausführlich im Laufe der Untersuchung beantwortet wurde, werden wichtige Teilaspekte der Ergebnisse nochmals kurz aufgegriffen und in den Gesamtzusammenhang eingeordnet. Da der indische Markt für erneuerbare Energien erst langsam in den Fokus der deutschen Firmen rückt, aber eine Ausweitung des Engagements weiterer Unternehmen aus Deutschland erwartet wird, werden im Anschluss an die Zusammenfassung einige Handlungsempfehlungen für deutsche Unternehmen ausgesprochen, die in Zukunft einen Einstieg auf dem Subkontinent in Erwägung ziehen.

Zum Abschluss wird ein kurzer Ausblick gegeben, welche Faktoren den Markt für erneuerbare Energien in Indien zukünftig beeinflussen und welche Rolle die deutschen Unternehmen dieser Branche vor Ort spielen könnten. Darüber hinaus werden auch weitere, interessante Forschungsgebiete aufgezeigt.

8.1 Zusammenfassung der wesentlichen Ergebnisse und Erkenntnisgewinn

Das Konzept der Ökologischen Modernisierung

Vor dem Hintergrund der Annahmen des Konzeptes der Ökologischen Modernisierung haben die Erkenntnisse der vorliegenden Studie gezeigt, dass es durch das Engagement deutscher Unternehmen aus dem Bereich der erneuerbaren Energien in Indien in zweierlei Hinsicht zu einer *Win-Win*-Situation kommt. Auf der einen Seite bietet Indien für deutsche Firmen einen interessanten Absatz- und Produktionsstandort, der mit seinen Potenzialen zum wirtschaftlichen Wachstum des einzelnen Unternehmens und der gesamten Branche beitragen kann. Gleichzeitig wird durch Einsatz der hochwertigen Technologie zur Energiebereitstellung die Substitution von fossilen Energieträgern ermöglicht, was den Umwelt- und Klimaschutz verbessert. Auf der anderen Seite ermöglicht die Etablierung deutscher Unternehmen in Indien den politisch gewollten Energiemix und trägt zur Energiesicherheit bei. Währenddessen profitiert ebenso die indische Wirtschaft durch den Technologietransfer, der in vielen Fällen nicht nur innerbetrieblich stattfindet, sondern auch Partner und Kunden bewusst mit einschließt.

Die Studie macht weiterhin deutlich, dass Ansätze in Bezug auf die politische Unterstützung und wirtschaftliche Entwicklung der erneuerbaren Energietechnologie zu erkennen sind, die das Konzept der Ökologischen Modernisierung auf Indien übertragbar scheinen lassen. Während bislang der Schwerpunkt der Analysen zu diesem Konzept auf europäische Länder gelegt worden ist, zeigt die vorliegende Studie, dass auch im Transformationsland Indien heute schon durch die engagierte Politik in Form von institutioneller und instrumenteller Unterstützung die Voraussetzungen für die Ökologische Modernisierung gerade aus politikwissenschaftlicher Sicht des Konzeptes gesetzt werden. Neben der Gründung des MNRE und weiterer Institutionen auf Bundes- und Landesebene sind staatliche Regulierungen wie die Festsetzung von Einspeisetarifen und verschiedene Marktanreizinstrumente gerade im Bereich der Steuervergünstigungen zu nennen.

Auch im Bereich der wirtschaftlichen Entwicklung der Branche der erneuerbaren Energien hat sich gezeigt, dass sich beim Beispiel der Windkraftindustrie innerhalb weniger Jahre ein indisches Unternehmen mit Hilfe politischer Unterstützung und internationalem Know-how-Transfer zu einem *Global Player* entwickelt hat. Aufgrund der Unterschiede im Bereich der Qualität der Forschung und Entwicklung befindet sich Indien derzeit noch auf einer anderen Stufe verglichen mit den europäischen Pionierländern. Daher könnte von Indien als Beispielland für eine zweite Generation der Länder der Ökologischen Modernisierung gesprochen werden.

Die Annahme des Konzeptes der Ökologischen Modernisierung, dass Unternehmen aus dem Pionierland Deutschland auf internationalen Märkten für Umwelttechnologie besonders wettbewerbsfähig seien und einen *first mover advantage* besäßen, hat sich sowohl bei den Expertenmeinungen als auch in den Firmeninterviews zumindest für die Branche der erneuerbaren Energietechnologie in Indien bestätigt. Die langjährige und breit angelegte Erfahrung und die hohe Qualität der Technik werden sowohl als Chance als auch als Erfolgsfaktor für deutsche Unternehmen auf dem indischen Subkontinent angesehen.

Außerdem besitzen die deutschen Unternehmen durch ihre Investitionen in Forschung und Entwicklung und die vielfältigen Produktanpassungen das Potenzial zur Entwicklung innovativer Problemlösungen für die Ansprüche des Landes.

Auf politischer Ebene ist Deutschland mit Indien durch bilaterale Kooperationen und Netzwerke für die Unterstützung von Technologietransfer und Energiefragen eng verbunden, während in der Wirtschaft deutsche Pionierunternehmen zu Vorreitern der Erschließung des indischen Marktes werden. Die Zahl der vor Ort aktiven deutschen Unternehmen ist dennoch mit 11 Firmen relativ gering.

Das Modell *Energy from space versus energy for space*

In Bezug auf das Modell *Energy from space versus energy for space* haben die Erkenntnisse der vorliegenden Studie gezeigt, dass in Indien der Trend durch die Nutzung der erneuerbaren Energietechnologie wieder zum Paradigma *energy from space* geht. In diesem Zusammenhang sind Projekte im

Bereich der Kleinwasserkraftwerke, *solar home systems* oder Biogasanlagen für Dörfer und Stadtviertel zu nennen. Darüber hinaus sind vermehrt private Nachfrager nach Strom aus eigenen Anlagen interessiert, um vom instabilen Netz unabhängig zu werden. Allerdings ist dieser Trend als Ergänzung zu den fossil und atomar betriebenen Kraftwerken zu sehen, die dem Energiesystem *energy for space* entsprechen. Auch bei den unterschiedlichen Sparten der erneuerbaren Energien sind zentrale Stromerzeugungsanlangen zu finden, die in das Netz einspeisen, das den Strom in die Fläche verteilt. Hierzu zählen die großen Wasserkraftprojekte, Windparks und Solarfelder.

Insgesamt lässt sich auch bei den erneuerbaren Energien ein Mix an unterschiedlicher Flächennutzungsintensität und räumlicher Ausdehnung der Versorgungsräume erkennen.

Erkenntnisgewinn

Die Analyse der Rahmenbedingungen hat gezeigt, dass Indien sowohl bei den natürlichen und politischen, als auch bei den wirtschaftlichen und gesellschaftlichen Gegebenheiten auf der Makroebene gute Möglichkeiten für die Nutzung erneuerbarer Energien bietet. Vor Ort und bei der tatsächlichen Umsetzung müssen die Bedingungen genau geprüft und die Unterstützung der lokalen Akteure auf politischer, wirtschaftlicher und gesellschaftlicher Seite gesichert werden.

Der Energiemarkt nimmt in der Entwicklung Indiens eine wichtige Stellung ein. Schon heute übersteigt die Energienachfrage besonders im Stromsektor das Angebot bei Weitem. Ziel der indischen Regierung ist es daher, die derzeitige Energieversorgung zu verbessern und langfristig zu sichern. Erneuerbaren Energien soll dabei eine besondere Rolle zukommen, da sich das Land zum Ziel gesetzt hat, von Energieimporten möglichst unabhängig zu werden und einen Beitrag zum Klimaschutz zu leisten. Derzeit tragen erneuerbare Energien mit 8,4% zur Stromversorgung bei. Windenergie nimmt innerhalb der Branche mit einem Anteil von knapp zwei Dritteln die führende Stellung ein. Obwohl von den Experten für alle Sparten der erneuerbaren Energien mittel- bis langfristig gute Zukunftsaussichten bescheinigt werden, wird das größte Wachstumspotenzial in den beiden bislang vergleichsweise wenig ausgebauten Branchen Solar- und Bioenergie vermutet. In Zukunft wird die Energienachfrage besonders von Seiten der Privatwirtschaft und der Bevölkerung steigen, die somit auch für den Bereich der erneuerbaren Energien zu zwei wichtigen Kundensegmenten werden. Mit der vorliegenden Untersuchung wird auch gezeigt, dass der Zukunftsmarkt Indien einen riesigen Binnenmarkt mit enormem Potenzial darstellt und gleichzeitig als Exportstandort für die umliegenden Länder interessant ist. Ein Vorteil vor Ort sind die geringen Produktionskosten. Allerdings steigen die derzeitig geringen Gehälter stark an, und schon heute kann es problematisch werden, qualifizierte Mitarbeiter zu finden.

Bislang dominieren staatliche Akteure auf Bundes- und Landesebene den indischen Energiemarkt. Doch im Zuge der Privatisierung und Liberalisierung seit 1991 hat die indische Regierung zahlreiche Anreize gesetzt, um private Investoren aus dem In- und Ausland für den dringend benötigten Ausbau der Energieinfrastruktur zu gewinnen.

Aus Deutschland, einem der international führenden Länder der erneuerbaren Energietechnologie, haben sich bislang acht Unternehmen dieser Branche mit einer Niederlassung auf dem indischen Subkontinent positioniert. Drei weitere stehen derzeit kurz vor einem Markteinstieg. Deutsche Firmen sind in jeder der vier Hauptbranchen Wind- und Wasserkraft sowie Solar- und Bioenergie vertreten. Sowohl im Bereich der netzgekoppelten und netzfernen Stromproduktion als auch in den Sparten der Kraftstoff- und thermischen Energieerzeugung sind deutsche Firmen aktiv. Bislang haben aus Deutschland fast ausschließlich Großunternehmen und -konzerne den indischen Kontinent als Niederlassungsstandort gewählt. Kleine und mittlere Unternehmen, die die Branche in Deutschland dominieren, sind bislang kaum vor Ort vertreten. Dies liegt zum einen daran, dass der Einstieg in den indischen Markt die Bereitstellung erheblicher finanzieller und personeller Ressourcen erfordert, was tendenziell den großen Unternehmen weniger Probleme bereitet. Zum anderen nimmt der indische Markt im Vergleich zu anderen internationalen Märkten viel Zeit in Anspruch und lässt ein sehr gutes Kontaktnetzwerk, besonders in die politische Ebene, nötig erscheinen. Außerdem ist der indische

Markt für erneuerbare Energien in absoluten Zahlen derzeit noch relativ klein und steht in Konkurrenz zu vielen anderen internationalen Märkten vor allem in Europa, bei denen eine Erschließung derzeit leichter und schneller möglich ist. Die Befragung der vor Ort aktiven deutschen Unternehmen hat ergeben, dass sich der Großteil der Firmen trotz verschiedener Probleme insgesamt zufrieden mit dem bisherigen Engagement in Indien zeigt. Es wird aber auch deutlich, dass nicht die derzeitigen Möglichkeiten, sondern die Zukunftsperspektiven ausschlaggebend für die Erschließungsentscheidung waren. Die heutige Etablierung dient vielmehr dazu, den *first mover advantage* und Technologievorsprung auszunutzen, Erfahrungen zu sammeln und sich einen Namen in der Branche zu machen, um in 5 bis 10 Jahren fest etabliert zu sein. Sowohl Experten als auch Unternehmen vermuten, dass Indien dann einer der weltweit größten Märke für erneuerbare Energietechnologie sein wird. Sowohl das Wirtschaftswachstum als auch die Zunahme der Bevölkerung, besonders der Mittelschicht, die Notwendigkeit der Versorgung der ländlichen Bevölkerung mit Energie und das bislang kaum ausgeschöpfte natürliche Potenzial sprechen darüber hinaus für ein wachsendes Engagement deutscher Unternehmen.

Bei all den großen Erwartungen wird mit der vorliegenden Untersuchung aber auch gezeigt, dass ein Engagement mit Risiken und Problemen unterschiedlicher Natur verbunden ist. Einig sind sich die Experten und Unternehmen, dass bürokratische Hürden und mentalitätsbedingte Verzögerung der Wirtschaftsabläufe die Etablierung auf dem indischen Subkontinent verlangsamen. Darüber hinaus besteht auf politischer Ebene eine erhebliche Diskrepanz zwischen den Ankündigungen zur Förderung und zum Ausbau der erneuerbaren Energien und der tatsächlichen Umsetzung. Während auf Bundesebene ehrgeizige Ziele formuliert werden, fehlt es auf Landesebene und bei den Politikern an den Mikrostandorten oft an Durchsetzungskraft. Ein weiteres gravierendes Problem ist die mangelhafte Infrastruktur, nicht nur im Elektrizitäts-, sondern auch im Verkehrssektor, die eine Erschließung behindert. Hinzu kommt erschwerend, dass der gesamte Energiemarkt noch stark von politischer Seite beeinflusst wird und die Preise auf dem Strommarkt je nach Sektoren staatlich festgelegt werden. Aufgrund der Tatsache, dass im föderalen Staat Indien der Energiesektor in die Zuständigkeiten der Bundesländer fällt, ergeben sich extreme Unterschiede bei der Förderung der erneuerbaren Energien, die bei einer Markterschließung von Bedeutung sind und die Auffassung Indiens als Gesamtmarkt behindern.

Welche Staaten für eine Niederlassung besonders vorteilhaft erscheinen, hängt von vielen Faktoren ab. Nicht nur natürliche Voraussetzungen spielen dabei eine Rolle, sondern auch die politische Förderung. Staaten, in denen erneuerbare Energien bereits gut etabliert sind, haben darüber hinaus im Vergleich mit dem Bundesdurchschnitt ein hohes wirtschaftliches Potenzial und ein hohes Bruttoinlandsprodukt. Dies bestätigen die Bundesstaaten Maharashtra, Tamil Nadu und Karnataka. Deutsche Unternehmen sind sich dieser Faktoren bewusst und haben sich bislang verstärkt in diesen Bundesstaaten niedergelassen.

Wie bereits oben dargelegt, ist Indien besonders als Zukunftsmarkt für deutsche Unternehmen in der Branche erneuerbarer Energien interessant. Um sich langfristig erfolgreich auf dem indischen Subkontinent zu positionieren, haben sich im Verlauf der beiden Befragungen Eigenschaften und Voraussetzungen herauskristallisiert, die für die Firmen von entscheidender Bedeutung sind. Zu den wichtigsten Voraussetzungen zählt der absolute Wille jedes Unternehmens, besonders des Managements und der vor Ort aktiven Mitarbeiter, sich in Indien zu etablieren und sich auf die Eigenarten des Marktes einzulassen. Neben Zeit und Geduld ist Flexibilität im Geschäftsbereich und bei der technologischen Anpassung an die Marktbedürfnisse eine wichtige Eigenschaft, die deutsche Unternehmen mitbringen müssen. Eine weitere entscheidende Voraussetzung ist ein gutes Finanzierungskonzept. Besonders in den Branchen der Wasserkraft, Solar- und Bioenergie dominieren die oft problematischen staatlichen Projekte. Wie bereits im Verlauf der Studie dargelegt, bestehen aber für deutsche Unternehmen verschiedene finanzielle Fördermöglichkeiten von indischer und deutscher Seite.

Abschließend bleibt festzuhalten, dass nicht nur die deutschen Unternehmen von dem Engagement auf dem indischen Subkontinent profitieren. In den meisten Fällen findet auch der von der Politik, besonders im Bereich der Entwicklungszusammenarbeit, oft geforderte Technologietransfer von den Ländern des Nordens in Richtung der südlichen Länder statt. Neben dem Technologietransfer durch Kooperationen zwischen Forschungsinstitutionen leisten auch die deutschen Unternehmen durch innerbetrieblichen Technologietransfer und Weiterbildung der Kunden und Partnerunternehmen einen Beitrag zur Diffusion der modernen Energietechnologie in Indien.

8.2 Handlungsempfehlungen

Wie die vorliegende Studie gezeigt hat, fällt das Engagement deutscher Unternehmen im Bereich der erneuerbaren Energien bislang sehr übersichtlich aus. Aufgrund der bereits dargelegten Eigenschaften deutscher Unternehmen und der Möglichkeiten und Zukunftsaussichten des indischen Marktes wird sowohl von den Experten als auch von den interviewten Firmen erwartet, dass die Erschließung durch weitere deutsche Unternehmen zunehmen wird. Ziel dieses Abschnittes ist es daher, auf Grundlage der Untersuchung Handlungsempfehlungen für deutsche Unternehmen zu geben, die den indischen Subkontinent in ihrer Internationalisierungsstrategie mit einbeziehen wollen.

Sicherlich folgt jedes Unternehmen bei der Erschließung neuer Märkte seinen eigenen Strategien und Indien wird kaum die erste Auslandsniederlassung sein. Zudem weisen die Anforderungen nach Teilbranchen der erneuerbaren Energien in spezifischen Bereichen Unterschiede auf. Dennoch werden allgemeine Empfehlungen für die gesamte Branche ausgesprochen, die sich bei der Entscheidung für einen Markteintritt bewusst gemacht werden sollten.

Bevor sich ein Unternehmen für den Markteinstieg vor Ort entscheidet, bietet die Teilnahme an Fachmessen und Unternehmerreisen eine gute Möglichkeit der ersten Kontaktaufnahme und des Kennenlernens der indischen Gegebenheiten. Beispielsweise werden innerhalb des AHK-Geschäftsreiseprogramms sowohl teilbranchenbezogene als auch die Gesamtbranche der erneuerbaren Energie umfassende Fahrten angeboten. In den letzten Jahren hat sich Indien zudem zu einem internationalen Messestandort für erneuerbare Energien entwickelt. Besonders hervorzuheben ist hier die jährlich stattfindende Messe *renewable energy india* in Neu Delhi, an der sich auch die Bundesrepublik Deutschland im Rahmen des Sonderförderprogramms *Exportinitiative Erneuerbare Energien* beteiligt (vgl. BMWi 2008).

Darüber hinaus hat die Untersuchung ergeben, dass sowohl von den Experten als auch von Firmen die Durchführung von Demonstrationsprojekten in der Entscheidungsphase der Markterschließung als hilfreich angesehen wird. Ein Vorteil dabei ist, dass die Unternehmen noch keine Niederlassung gegründet haben müssen und trotzdem ihre Technologie vor Ort den Kunden präsentieren können. Außerdem wird die Funktionsfähigkeit der Produkte getestet, wodurch nötige Anpassungen an die Bedürfnisse des indischen Marktes sehr schnell deutlich werden.

Hat sich ein Unternehmen für ein Engagement vor Ort entschieden, stehen für eine langfristige Marktetablierung als Rechtsform die Möglichkeiten eines *Joint Ventures* oder einer 100%igen Tochterfirma offen. Es hat sich gezeigt, dass tendenziell für kleine und mittelständische Unternehmen mit geringer Eigenkapitaldecke und Mitarbeiterzahl ein *Joint Venture* zu empfehlen ist, da die Kosten für den Markteinstieg erheblich geringer sind und der indische Partner zudem Erfahrungen mit den Gegebenheiten und Ansprüchen vor Ort besitzt. Für große Unternehmen bietet die 100%ige Tochtergesellschaft den Vorteil, unabhängig von einem Partner zu sein. Besonders, wenn es bei der Zusammenarbeit zu gravierenden Meinungsverschiedenheiten kommt, kann ein *Joint Venture* durch vertragsbedingte Abmachungen das eigenständige Engagement des deutschen Unternehmens verhindern.

Nicht nur aus diesem Grund sollte ein Markteinstieg gründlich vorbereitet werden und die Partnerwahl wohlüberlegt erfolgen, da dies als einer der Erfolgsfaktoren angesehen wird. Die Befragung hat ergeben, dass ein Hauptansprechpartner der Firmen bei Beratungsfragen zum Markteinstieg sowie der Partner- und Kundensuche die *Deutsch-Indische Handelskammer* ist, die einen eigenen *Umwelt Area Manager* mit dem Schwerpunkt erneuerbare Energien als Ansprechpartner bietet. Daneben gibt es verschiedene deutsche und indische Beratungsfirmen, die sich auf die Begleitung des Markteinstiegs deutscher Unternehmen spezialisiert haben.

Als weitere Handlungsempfehlung ist zu beachten, dass in Indien der persönliche Kontakt und Treffen nicht nur mit Partnern und Kunden als sehr wichtig erachtet wird, sondern auch die Bevölkerung bei der Projektumsetzung mit einbezogen werden sollte. Die Möglichkeiten sind dabei innerhalb der verschieden Branchen unterschiedlich. Insgesamt sollte die Bevölkerung durch Wertschöpfung vor Ort von der Technologie profitieren. Beispielsweise können Bauarbeiten von lokalen Unternehmen übernommen werden oder Bauern liefern die landwirtschaftlichen Ausgangsmaterialen für die Biogasanlagen.

Außerdem sollte bei der Zusammenarbeit mit indischen Kontaktpersonen ein hohes Maß an kultureller Sensibilität und Kenntnis von Seiten der deutschen Mitarbeiter vorhanden sein, um unnötige Missverständnisse und Enttäuschungen auf beiden Seiten zu vermeiden.

Des Weiteren sollten die Unternehmen bei einer Standortwahl in Indien beachten, dass der indische Subkontinent nicht überall die gleichen natürlichen, politischen und wirtschaftlichen Rahmenbedingungen bietet. Die Untersuchung hat ergeben, dass bislang nur wenige der 28 Bundesstaaten und sieben Unionsterritorien gute Möglichkeiten für die Niederlassung im Bereich erneuerbare Energietechnologie bieten und die Wirtschaftszentren eher inselartig verteilt sind.

Eine weitere Empfehlung für Unternehmen ist die Bewusstwerdung der Tatsache, dass die Ansprüche des indischen Marktes in vielen Fällen eine Anpassung aus technischer und preislicher Sicht nötig machen. Darüber hinaus könnte für Projekte der dezentralen Anwendung eine Anpassung an die Größe der Anlage nötig sein. Die besten Chancen werden Projekten im Umfang von einem MW zugesprochen. Deutsche Unternehmen haben sich vielfach auf Großanlangen spezialisiert.

Zusammenfassend bleibt festzuhalten, dass der Einstieg für Unternehmen, die noch keine wirtschaftlichen Verbindungen zum indischen Subkontinent aufgebaut haben, derzeit viel Geduld, Flexibilität und in vielen Fällen Pioniergeist erfordert. Für eine Marktetablierungsphase sollten sich die Unternehmen auf einen Zeithorizont von zwei bis vier Jahren einstellen. Doch auch wenn die Phase im Vergleich zu anderen Märkten auf dem jungen Gebiet der erneuerbaren Energietechnologie lang erscheint, sind die Zukunftsaussichten viel versprechend.

8.3 Ausblick

Die zukünftige Bedeutung und Entwicklung des Standortes Indien als Zielregion für Unternehmen aus dem Bereich der erneuerbaren Energien wird von mehreren Determinanten abhängen.

Wichtige Grundlage für das Wachstum des Marktes sind neben der Nachfrage nach Energie durch das Wirtschafts- und Bevölkerungswachstum die ehrgeizigen Ziele und Fördermaßnahmen für den Ausbau der erneuerbaren Energien, ohne die die Technologie in vielen Bereichen noch nicht wirtschaftlich wettbewerbsfähig ist. In den ländlichen Gebieten, die zu vertretbaren Kosten nicht an das öffentliche Stromnetz angeschlossen werden können, wird die moderne Nutzung der erneuerbaren Energien auch in Zukunft eine sinnvolle Lösungsmöglichkeit sein, um die Energienachfrage zu decken.

Probleme und Hemmnisse, die ein stärkeres Wachstum des Marktes derzeit behindern, werden in der Zukunft überwunden oder zumindest abgeschwächt werden müssen. Als ein erster Schritt könnte auf politischer Seite der Kritik an den ungleichen Bedingungen für erneuerbare Energien auf Bundesstaatenebene durch ein nationales Gesetz für erneuerbare Energien entgegengetreten werden. Erste Diskussionen über ein Gesetz ähnlich dem deutschen Erneuerbare-Energien-Gesetz (EEG) werden bereits in der Wissenschaft und Politik geführt.

Ein weiterer Faktor, der die Etablierung von Unternehmen derzeit behindert, ist die Problematik der Finanzierung der Aktivitäten in Indien. Während staatliche Projekte von vielen Experten und Unternehmen laut der vorliegenden Untersuchung für deutsche Unternehmen als schwierig bezeichnet werden, fehlt es privaten Kleinbetrieben und der Bevölkerung vielfach an Kapital zur Finanzierung eigener Energieerzeugungsanlagen. Eine Lösung könnte die Ausweitung der in ganz Südasien weit verbreiteten Mikrokredite für die Bevölkerung zur Finanzierung von erneuerbaren Energien sein (vgl. MICROENERGY INTERNATIONAL 2007: 4 f.).

Welchen Einfluss die im Herbst 2008 begonnene internationale Finanzmarktkrise auf die wirtschaftliche Entwicklung des Landes haben wird und welche

Auswirkungen in der Branche der erneuerbaren Energien zu erwarten sind, ist derzeit noch nicht absehbar.

Aus heutiger Sicht ist zu erwarten, dass die Standortvorteile und das Branchenwachstum nach den großen deutschen Unternehmen verstärkt auch Firmen kleinerer und mittlerer Größe nach Indien locken werden, wenn es gelingt, reproduzierbare Erfolgsmodelle zu etablieren. Mittel- bis langfristig werden deutsche Unternehmen verstärkter Konkurrenz durch indische und weitere internationale Unternehmen, besonders aus den kostengünstig produzierenden Ländern Asiens, auf dem indischen Markt entgegensehen müssen.

Insgesamt macht die vorliegende Studie deutlich, dass die Etablierung der erneuerbaren Energien in Indien erst am Anfang steht und interessante Zukunftsperspektiven für deutsche Unternehmen bereithält. Aus diesem Grund bietet das Thema für weitergehende Forschungsfragen verschiedene Ansatzpunkte. Während diese Studie nur einen ersten Überblick über das Thema erneuerbare Energien in Indien geben kann und die Möglichkeiten, Probleme und Zukunftsperspektiven der deutschen Unternehmen dabei im Vordergrund stehen, könnte eine Schwerpunktsetzung auf eine bestimmte Branche der erneuerbaren Energien tiefere Kenntnisse liefern. Darüber hinaus könnten aufgrund der Differenziertheit des indischen Subkontinentes einzelne Bundesstaaten oder Regionen analysiert und vergleichend in Bezug zueinander gesetzt werden. Eine weitere Fragestellung, die auch unter dem Konzept der Ökologischen Modernisierung von besonderem Interesse ist und im Laufe der Befragungen häufig angesprochen wurde, ist die zukünftige Bedeutung der Energieeffizienz. Auch bei diesen Technologien sind deutsche Unternehmen unter den Weltmarktführern zu finden und das Potenzial auf dem indischen Subkontinent scheint enorm.

Zusammenfassend bleibt festzuhalten, dass eine Ausweitung der Internationalisierung deutscher Unternehmen nach Indien keine leichte Aufgabe darstellt, aber nur wenige Länder langfristig die Markt- und Wachstumschancen bieten wie der erwachende Riese.

Quellenverzeichnis

Literaturquellen:

ACSELRAD, H. (2002): Die ökologische Herausforderung zwischen Markt, Sicherheit und Gerechtigkeit. In: GÖRG, C. u. U. BRAND (Hrsg.) (2002): Mythen globalen Umweltmanagements – Rio + 10 und die Sackgassen „nachhaltiger Entwicklung“. Münster, S. 48-71.

ALEX, B., KNIPP, W. u. A. RODEWALD (2006): Aufbruch nach Indien – Leitfaden für Export und Direktinvestitionen. Heidelberg, München, Landsberg, Berlin.

ATTESLANDER, P. (2008): Methoden der empirischen Sozialforschung. Berlin.

BAADE, J., GERTEL, H. u. A. SCHLOTTMANN (2005): Wissenschaftliches Arbeiten – Ein Leitfaden für Studierende der Geographie. Bern, Stuttgart, Wien.

BMU - BUNDESMINISTERIUM FÜR UMWELT, NATURSCHUTZ UND REAKTORSICHERHEIT (2006): Erneuerbare Energien – Innovationen für die Zukunft. Berlin.

BMU (2008a): Erneuerbare Energien in Zahlen – Nationale und internationale Entwicklung. Berlin.

BRAUN, B. (2002): Die Umweltproblematik in der Wirtschafts- und Industriegeographie – Bestandsaufnahme und Vorschläge für eine akteurszentrierte mikroanalytische Konzeption. In: SOYEZ, D. u. C. SCHULZ (Hrsg.) (2002): Wirtschaftsgeographie und Umweltproblematik. Köln. Heft 76 (=Kölner Geographische Arbeiten), S. 13-27.

BRAUN, B., SCHULZ, C. u. D. SOYEZ (2003): Konzepte und Leitthemen einer ökologischen Modernisierung der Wirtschaftsgeographie. In: Zeitschrift für Wirtschaftsgeographie. Heft 3-4. S. 231-248.

BRONGER, D. (1996): Indien. Größte Demokratie der Welt zwischen Kastenwesen und Armut. Gotha (= Perthes Länderprofile).

BRÜCHER, W. (1997): Mehr Energie! - Plädoyer für ein vernachlässigtes Objekt der Geographie. In: Geographische Rundschau. Heft 6. S. 330-335.

BRÜCHER, W. (2008): Erneuerbare Energien in der globalen Versorgung aus historisch-geographischer Perspektive. In: Geographische Rundschau. Heft 1. S. 4-12

BUTTEL, F. H. (2000): Ecological modernisation as a social theory. In: Geoforum Heft 31. S. 57-65.

CHAI, J. C. H. u. K. C ROY (2006): Economic reform in China and India – development experience in a comparative perspective. Cheltenham u.a.

CHANDRASEKHARAM, D. (2000): Geothermal Energy Resources of India: Country Update. Proceedings World Geothermal Congress 2000; Kyushu - Tohoku, Japan, May 28 - June 10, 2000. Online unter: http://www.geothermie.de/egec-geothernet/ci_prof/asia/india/india.htm (abgerufen am: 19.9.2008)

DENA – DEUTSCHE ENERGIE-AGENTUR (2007): Länderprofil Indien. Berlin.

DIEKMANN, A. (2007): Empirische Sozialforschung – Grundlagen, Methoden, Anwendungen. Hamburg.

GERLING, K. u. P. GANS (2008): Biokraftstoffboom: Segen oder Fluch für die Agrarländer des Südens. In: Geographische Rundschau. Heft 4. S. 58-65.

GIBBS, D. (2000): Ecological modernisation, regional economic development und regional development agencies. In: Geoforum Heft 31. S. 9-19.

GTZ – DEUTSCHE GESELLSCHAFT FÜR TECHNISCHE ZUSAMMENARBEIT (2004): Energiepolitische Rahmenbedingungen für Strommärkte und erneuerbare Energien – Teilstudie Indien. Eschborn.

HEINZE, T. (2003): Qualitative Sozialforschung – Methodologie und Forschungspraxis. Hagen.

HENNICKE, P. u. M. MÜLLER (2006): Weltmacht Energie – Herausforderung für Demokratie und Wohlstand. Stuttgart.

JÄNICKE, M., KUNIG, P. u. M. STITZEL (2003): Umweltpolitik – Politik, Recht und Management des Umweltschutzes in Staat und Unternehmen. Bonn.

JÄNICKE, M. u. K. JAKOB (2007): Lead Markets for Environmental Innovations: A New Role for the Nation State. In: JÄNICKE, M. u. K. JAKOB (Hrsg.) (2007): Environmental Governance in Global Perspective – New Approaches to Ecological and Political Modernisation. Berlin. S. 30-50.

JÄNICKE, M. (2007): Trend Setters in Environmental Policy: The Character and Role of Pioneer Countries. In: JÄNICKE, M. u. K. JAKOB (Hrsg.) (2007): Environmental Governance in Global Perspective – New Approaches to Ecological and Political Modernisation. Berlin. S. 51-66.

KALTSCHMITT, M. (Hrsg.) (2006): Erneuerbare Energien Systemtechnik, Wirtschaftlichkeit, Umweltaspekte. Berlin u.a.

KAUFMANN, L. et al. (2006): Investmentguide Indien – Erfolgsstrategien deutscher Unternehmen auf dem Subkontinent. Stuttgart.

KLEEMANN, M. (1988): Regenerative Energiequellen. Berlin u. a.

LAMNEK, S. (2005): Qualitative Sozialforschung. Weinheim, Basel.

LAUER, H.-C. (2002): Technologien regenerativer Energien: Angebot & Nachfrage in den Emerging Markets. In: DEG et al. (Hrsg.) (2002): Regenerative Energien: Biomasse – Sonne – Wasser – Wind. Köln. S. 21-27.

LEWIS, J. I. (2007): A Comparison of Wind Power Industry Development Strategies in Spain, India and China. o.O.

MAYRING, P. (2002): Einführung in die qualitative Sozialforschung – Eine Anleitung zum qualitativen Denken. Weinheim.

MEIER KRUKER, V. u. J. RAUH (2005): Arbeitsmethoden der Humangeographie. Darmstadt.

MURPHY, J. (2000): Ecological modernisation. In: Geoforum Heft 31. S. 1-8.

MÜLLER, H. (2006): Weltmacht Indien – Wie uns der rasante Aufstieg herausfordert. Frankfurt a. M.

PILNY, K. (2006): Tanz der Riesen – Indien und China prägen die Welt. Frankfurt a. M., New York.

PwC – PRICEWATERHOUSECOOPERS (2007): Market and Company Analysis on Renewable Energy in India for DEG-Proparco. o.O.

REUBER, P. u. C. PFAFFENBACH (2005): Methoden der empirischen Humangeographie – Beobachtung und Befragung. Braunschweig.

SARKAR, S. K., KUJUR, R. u. S. ALI (2007): Photovoltaic Technology in India. In: IREDA NEWS, Vol. 4, No. 3. S. 49-52.

SCHNELL, R., HILL, P. B. u. E. ESSER (2005): Methoden der empirischen Sozialforschung. München.

SCHULZ, C. (2002): Agents of Greening – Industriebezogene Umweltdienstleistung und ihr Einfluss auf den betrieblichen Umweltschutz. In: SOYEZ, D. u. C. SCHULZ (Hrsg.) (2002): Wirtschaftsgeographie und Umweltproblematik. Heft 76 (=Kölner Geographische Arbeiten)
S. 83-92.

SHANKAR, M. u. B. MÜTZELBURG (2007): Deutschland und Indien – moderne Partnerschaft in einer sich globalisierenden Welt. Online unter: http://www.bpb.de/themen/45HIFY,0,Gastkolumne.html (abgerufen am: 13.3.2008)

SIEFERLE (1997): Das vorindustrielle Solarenergiesystem. In: BRAUCH, H. G. (Hrsg.) (1997): Energiepolitik - Technische Entwicklung, politische Strategien, Handlungskonzepte zu erneuerbaren Energien und zur rationellen Energienutzung. Berlin, Heidelberg, New York. S. 27-46.

SINGH, N. P. (2007): 25 Years of Renewable Energy in India. In: Renewable Energy – Akshay Urja: A newsletter of the MNRE Vol. 1. Issue 2. S. 16-21.

SOYEZ, D. u. C. SCHULZ (2002): Zur ökologischen Modernisierung der Wirtschaftsgeographie. In: SOYEZ, D. u. C. SCHULZ (Hrsg.) (2002): Wirtschaftsgeographie und Umweltproblematik. Köln. Heft 76 (=Kölner Geographische Arbeiten) S. 109-117.

STANG, F. (2002): Indien. Darmstadt.

THEIS, I. M. (2000): Entwicklung und Energie in Südbrasilien – Eine wirtschaftsgeographische Analyse des Energiesystems des Itajaítals in Santa Catarina. Tübingen (=Tübinger Geographische Studien).

WAMSER, J. u. P. SÜRKEN (2005): Wirtschaftspartner Indien – Ein Managementhandbuch. Stuttgart.

YEPTHO, K. (2007): Small Hydro Power Development in India. In: IREDA NEWS, Vol. 4, No. 3. S. 27-32.

Internetveröffentlichungen von Ministerien, staatlichen und supranationalen Organisationen:

AUSWÄRTIGES AMT (2007): Indien – Wirtschaft. Online unter: http://www.auswaertiges-amt.de/diplo/de/Laenderinformationen/Indien/Wirtschaft.html (abgerufen am: 12.2.2008)

BFAI - BUNDESAGENTUR FÜR AUßENWIRTSCHAFT (2007a): Indien setzt bei erneuerbaren Energien auf privates Engagement. Online unter: https://www.bfai.de/ext/Export-Einzelsicht/DE/Content/__SharedDocs/Links-Einzeldokumente-Datenbanken/fachdokument,templateId=RenderPrint/MKT200711028002.pdf (abgerufen am: 19.9.2008)

BFAI (2007b): Energiewirtschaft Indien 2006/07. Online unter: https://www.bfai.de/ext/Export-Einzelsicht/DE/Content/__SharedDocs/Links-Einzeldokumente-Datenbanken/fachdokument,templateId=renderPrint/MKT20070803120112.pdf (abgerufen am: 19.9.2008)

BFAI (2008): Wirtschaftsdaten kompakt – Indien. Online unter: https://www.bfai.de/ext/ anlagen/PubAnlage_4583.pdf?show=true (abgerufen am: 24.6.2008)

BMU – BUNDESMINISTERIUM FÜR UMWELT, NATURSCHUTZ UND REAKTORSICHERHEIT (o.J.): Indien auf der Suche nach dem richtigen Energiemix. Online unter: http://www.erneuerbare-energien.de/inhalt/5891/ (abgerufen am: 2.9.2008)

BMU (2008b): Kurzinfo Umwelttechnologie. Online unter: http://www.bmu.de/wirtschaft_und_umwelt/umwelttechnologie/kurzinfo/doc/37829.php (abgerufen am: 25.9.2008)

BMWi – BUNDESMINISTERIUM FÜR WIRTSCHAFT UND TECHNOLOGIE (2008): Messe – renewable energy india. Online unter: http://www.german-renewable-energy.com /Renewables/ Navigation/Deutsch/Service/deutsche-beteiligungen,did=213070.html (abgerufen am: 29.10.2008)

BMZ – BUNDESMINISTERIUM FÜR WIRTSCHAFTLICHE ZUSAMMENARBEIT UND ENTWICKLUNG (2006): Erneuerbare Energien in der deutschen Entwicklungszusammenarbeit. Online unter: http://www.bmz.de/de/service/infothek/fach/materialien/Materialie158.pdf (abgerufen am: 3.3.2008)

CEA – CENTRAL ELECTRICITY AUTHORITY (o.J.): Functions and Duties of CEA. Online unter: http://www.cea.nic.in/about_ us/functions_cea.html (abgerufen am: 20.9.2008)

CEA (2008): Executive Summary. Online unter: http://cea.nic.in/power_sec_ reports/Executive_Summary/2008_07/27-33.pdf (abgerufen am: 17.9.2008)

CIA – CENTRAL INTELLIGENCE AGENCY (2008): The World Factbook – India. Online unter: https://www.cia.gov/library/publications/the-world-factbook/geos/in.html (abgerufen am: 4.10.2008)

EUROPÄISCHE KOMMISSION (2003): KMU Definition. Online unter: http://ec.europa.eu/ enterprise/enterprise_policy/sme_definition/index_de.htm (abgerufen am: 09.09.2008)

EUROPÄISCHE KOMMISSION (2004): Mitteilung der Kommission an den Rat und das Europäische Parlament: Stimulation von Technologien für nachhaltige Entwicklung: Ein Aktionsplan für Umwelttechnologie in der Europäischen Union. Online unter: http://eurlex.europa.eu/LexUriServ/site/de com/2004/com2004_0038de01.pdf (abgerufen am: 26.9.2008)

IREDA – INDIAN RENEWABLE ENERGY DEVELOPMENT AGENCY (o.J.): About IREDA: Background. Online unter: http://www.ireda.in/homepage1. asp?parent_category=1& category=6 (abgerufen am: 1.9.2008)

MNRE - MINISTRY OF NEW AND RENEWABLE ENERGY (o.J.): Online unter: http://mnes.nic.in/ (zuletzt abgerufen am: 20.9.2008)

MNRE (2003): Annual Report 2002-2003 Online unter: http://mnes.nic.in/annualreport/2002_2003_English/ch1_pg2.htm (abgerufen am: 20.9.2008)

MNRE (2008a): Achievements. Online unter: http://mnes.nic.in/ (abgerufen am: 18.9.2008)

MNRE (2008b): Annual Report 2007-2008. Online unter: http://mnes.nic.in/annualreport/2007_2008_English/index.htm (abgerufen am: 20.9. 2008)

MoP - MINISTRY OF POWER (2003): Electricity Act, 2003. Online unter: http://powermin.nic.in/acts_notification/electricity_act2003/pdf/The%20Electricity%20Act_2003.pdf (abgerufen am: 1.9.2008)

MoP (2005): National Electricity Policy. Online unter: http://powermin.nic.in/JSP_SERVLETS/internal.jsp (abgerufen am: 19.9.2008)

MoP (2008): Annual Report 2007/08. Online unter: http://powermin.nic.in/indian_electricity _scenario/pdf/Annual_Report_2007-08_English.pdf (abgerufen am: 15.9.2008)

MNES – MINISTRY OF NON-CONVENTIONAL ENERGY SOURCES (o.J.): Solar Energy Centre. Online unter: http://mnes.nic.in/booklets/Book9-e.pdf (abgerufen am: 2.9.2008)

STATISTISCHES BUNDESAMT (2006): Energie in Deutschland. Online unter: http://www.destatis.de/jetspeed/portal/cms/Sites/destatis/Internet/DE/Prese/pk/2006/Statistisches__Jahrbuch/Pressebroschuere__Energie-property=file.pdf (abgerufen am: 2.3.2008)

US DoC - DEPARTMENT OF COMMERCE (2007): Clean Energy Technology Mission: India and China. Online unter: http://www.ita.doc.gov/doctm/cleanenergy_0407.html (abgerufen am: 19.9.2008)

Weitere Internetquellen und graue Literatur:

BGC - BOSTON CONSULTING GROUP (2006): Innovationsstandort Deutschland – quo vadis? Wie gut wir sind, wo unsere Chancen liegen und wie wir die Zukunft meistern können. Online unter: http://www.bcg.com/publications/files/BCG_Studie_Innovationsstandort_Deutschland_quo_vadis_03Jan07.pdf (abgerufen am: 26.9.2008)

BP (2008): BP Statistical Review of World Energy June 2008. Online unter: http://www.bp.com/liveassets/bp_internet/globalbp/globalbp_uk_english/reports_and_publicatons/statistical_energy_review_2008/STAGING/local_assets/downloads/pdf/statistical_review_of_world_energy_full_review_2008.pdf (abgerufen am: 17.9.2008)

DEG - DEUTSCHE INVESTITIONS- UND ENTWICKLUNGS-GESELLSCHAFT (2006): Finanzierung von Erneuerbaren Energien in Entwicklungs- und Schwellenländern. Online unter: http://www.german-renewable-energy.com/Renewables/Redaktion/PDF/en/Vortraege-2006/en-Power-Gen-Europe-2006-DEG-Klier-Finanzierung,property=pdf,bereich-renewables,sprache =en,rwb=true.pdf (abgerufen am: 31.10.2008)

DEUTSCHE BUNDESBANK (2008): Bestandserhebungen über Direktinvestitionen. Statistische Sonderveröffentlichung 10. Online unter: http://www.bundesbank.de/download/statistik/stat_sonder/statso10.pdf (abgerufen am: 24.6.2008)

ERNST & YOUNG (2007): Renewable Energy Country Attractiveness Indices. Online unter: http://www.ey.com/Global/assets.nsf/International/Industry_Utilities RenewableIndices-Q4-07/$file/Industry_Utilities_Attractiveness_Q42007.pdf (abgerufen am 20.9.2008)

InWEA – INDIAN WIND ENERGY ASSOCIATION (2008): Wind Energy Programme in India. Online unter: http://www.inwea.org/aboutwindenergy.htm (abgerufen am: 2.9.2008)

JÄNICKE, M. (2008): Vortrag im Rahmen des German-Indian Sustainability and Climate Change Dialogue Workshops am 1.10.2008 in Berlin

MICROENERGY INTERNATIONAL (2007): Grameen Shakti - Mikrofinanzierung und erneuerbare Energien für ländliche Entwicklung. Online unter: http://www.kultur-des-friedens.de/commonFiles/pdfs/Verein/KDF/Kebir_Grameen_Shakti.pdf (abgerufen am: 31.10.2008)

WORLD WILD FUND FOR NATURE - India (2008): NGOs and the environment. Online unter: http://www.wwfenvis.org/ngo_environment.asp (abgerufen am: 3.9.2008)

ZVEI – ZENTRALVERBAND ELEKTROTECHNIK- UND ELEKTROINDUSTRIE E.V. (2008): Indien. Online unter: https://www.zvei.org/?id=2049#3209 (abgerufen am: 31.10.2008)

Anhang

Anlage 1: Städte und Bundesstaaten deutscher Firmenniederlassungen in Indien

Branche der erneuerbaren Energien	Stadt	Bundesstaat
Windkraft		
Enercon	Mumbai	Maharashtra
	Daman	UT Daman und Diu
	Pune	Maharashtra
	Chennai	Tamil Nadu
	Bangalore	Karnataka
	Hyerabad	Andhra Pradesh
	Coimbatore	Tamil Nadu
	Jaipur	Rajasthan
	New Delhi	UT Delhi
	Vadodra	Gujarat
Bosch Rexroth	Ahmedabad	Gujarat
	Bangalore	Karnataka
	Kolkata	Westbengalen
	Mumbai	Maharashtra
	Neu Delhi	UT Delhi
Winergy	Chennai	Tamil Nadu
Wasserkraft		
Voith Hydro	NOIDA	Uttar Pradesh
Solar		
Schott Solar	Mumbai	Maharashtra
Conergy	Bangalore	Karnataka
	Raipur	Chhattisgarh
	NOIDA	Uttar Pradesh
	Pune	Maharashtra
	Jammu	Jammu & Kashmir
	Kolkata	Westbengalen
	Bangalore	Karnataka
Bioenergie		
Envitec Biogas	Bangalore	Karnataka
	Neu Delhi	UT Delhi
	Chandigarh	Punjab
Biogas Nord/Enersearch	Mumbai	Maharashtra

Quelle: eigene Darstellung (Stand: Nov. 2008)

Anlage 2: Liste der Organisationen, die von den Experten vertreten werden

Deutsche Energieagentur (DENA) Interviewpartner: anonym Interviewdatum: 12.3.2008 Internetseite: http://www.dena.de/	Das bundesweite Kompetenzzentrum entwickelt Projekte, Programme und Kampagnen in den Bereichen erneuerbare Energien, Klimaschutz und Energieeffizienz und setzt diese um.
Bundesanstalt für Außenwirtschaft (Bfai) Interviewpartner: Herr Alex Interviewdatum: 20.3.2008 Internetseite: http:/www.bfai.de/	Die Bfai ist eine Servicestelle des Bundesministeriums für Wirtschaft und Technologie, die durch ein weltweites Netz an Korrespondenten über die aktuelle Situation auf ausländischen Märkten informiert.
Deutsche Gesellschaft für Technische Zusammenarbeit GmbH (GTZ) Interviewpartner: anonym Interviewdatum: 9.4.2008 Internetseite: http://www.gtz.de/	Als weltweit tätiges Bundesunternehmen der internationalen Zusammenarbeit für nachhaltige Entwicklung unterstützt die GTZ die Bundesregierung bei der Verwirklichung ihrer entwicklungspolitischen Ziele. Sie führt in den Ländern vor Ort Projekte und Programme durch, die zukunftsfähige Lösungen für politische, wirtschaftliche, ökologische und soziale Entwicklungen fördern.
Deutsche Investitions- und Entwicklungsgesellschaft (DEG) Interviewpartner: Herr Dr. Pleister Interviewdatum: 10.4.2008 Internetseite: http://www.deginvest.de/	Die DEG, ein Unternehmen der KfW Bankengruppe, finanziert Investitionen privater Unternehmen in Entwicklungs- und Reformländern. Sie setzt sich weltweit für den Ausbau privatwirtschaftlicher Strukturen ein, um zu nachhaltigem Wirtschaftswachstum und besseren Lebensbedingungen beizutragen.

Kreditanstalt für Wiederaufbau (KfW) Interviewpartner: Herr Reddy Interviewdatum: 11.4.2008 Internetseite: http://www.kfw.de/	Die KfW Bankengruppe gibt weltweit durch verschiedene Finanzierungsangebote Impulse für Wirtschaft, Gesellschaft und Ökologie. Sie wird mit einem Anteil von 80% von der Bundesrepublik Deutschland und mit 20% von den Bundesländern getragen.
EnergieAgentur.NRW Interviewpartner: Herr Lintker Interviewdatum: 17.4.2008 Internetseite: http://www.ea-nrw.de/	Die EnergeAgentur.NRW ist als Dienstleister des Landes NRW für alle Energiefragen eine strategische Plattform mit breiter Kompetenz im Energiebereich. Ihre Aufgaben reichen von der Förderung der Forschung, technischen Entwicklung, Demonstration und Markteinführung weltweit über die Energieberatung bis hin zur beruflichen Weiterbildung.
Deutsch-Indische Handelskammer/ Indo-German Chamber of Commerce (IGCC) Interviewpartner: Herr Rodewald Interviewdatum: 25.3.2008 Internetseite: http://www.indo-german.com/	Die Deutsch-Indische Handelskammer mit Hauptsitz in Mumbai gehört zum weltweiten Netz von Außenhandelskammern des Deutschen Industrie- und Handelskammertages und ist mit mehr als 6.500 Mitgliedern die größte binationale deutsche Außenhandelskammer.
Bridge to India Interviewpartner: Herr Dr. Engelmeier Interviewdatum: 8.4.2008 Internetseite: http://bridge-to-india.com/	Die Firma ist ein deutsch-indisches Beratungsunternehmen, das sich auf Projekte im Bereich der erneuerbaren Energien in Indien spezialisiert hat.
Suzlon Energy Ltd. Interviewpartner: anonym Interviewdatum: 2.4.2008	Suzlon ist ein indischer Hersteller von Turbinen für Windkraftanlagen, mit Sitz in Pune, Bundesstaat Maharashtra. Die Firma

Internetseite: http://www.suzlon.com/	ist derzeit der größte asiatische und weltweit der fünftgrößte Windturbinenhersteller.
Ministry of New and Renewable Energy (MNRE) **Interviewpartner: anonym** **Interviewdatum: 9.4.2008** **Internetseite:** **http://mnes.nic.in/**	Das MNRE ist eines der weltweit einzigen Ministerien, welches sich ausschließlich mit der Organisation, Planung und Vermarktung von erneuerbaren Energien beschäftigt.
The Energy and Resources Institute (TERI) Interviewpartner: anonym Interviewdatum: 8.4. 2008 Internetseite: http://www.teriin.org/	TERI ist eine indische Non-Profit-Organisation, die als Forschungsinstitution im naturwissenschaftlichen und politikwissenschaftlichen Bereich Studien und Programme zu Energie, Umwelt und nachhaltiger Entwicklung durchführt.
Indian Renewable Development Agency (IREDA) Interviewpartner: anonym Interviewdatum: 10.4.2008 Internetseite: http://www.ireda.in/	IREDA ist eine vom Staat gegründete Agentur, die finanzielle Unterstützungen für Investitionen im Bereich der erneuerbaren Energien und der Energieeffizienz entwickeln und durchführen. Die Agentur ist der Investitionsarm des MNRE.
Maharashtra Energy Development Agency (MEDA) Interviewpartner: Dr. Kumar Interviewdatum: 3.4.2008 Internetseite: http://www.mahaurja.com/	MEDA ist eine Agentur des Bundesstaates Maharashtra, die Projekte im Bereich der erneuerbaren Energien und der Energieeffizienz durchführt und fördert. Das Ziel ist eine flächendeckende und nachhaltige Energieversorgung des Bundesstaates.

Quelle: eigene Darstellung

ECOLOGICAL ENERGY POLICY - EEP

Edited by Prof. Dr. Danyel Reiche

ISSN 1864-5860

1 *Dagmar Sibyl Steuwer*
Der Europäische Emissionshandel und die Rolle der Europäischen Kommission
Eine akteurszentrierte Analyse zur Untersuchung eines Policy Wandels
Mit einem Vorwort von Lutz Mez
ISBN 978-3-89821-793-4

2 *Katharina Istel*
Förderung erneuerbarer Energien im Bundesland Nordrhein-Westfalen
Eine politikwissenschaftliche Analyse der Auswirkungen des Regierungswechsels nach den Landtagswahlen 2005
Mit einem Vorwort von Manfred Fischedick
ISBN 978-3-89821-789-7

3 *Xin Nina Zheng*
Understanding the Paradoxes in China's Energy Efficiency Trends
Comparative Energy Analysis in the Global and National Context
With a foreword by Nathan E. Hultman
ISBN 978-3-89821-836-8

4 *Angela Choe*
Energy Assistance to North Korea
Options to be Considered Immediately by the Six Parties and Beyond
With a foreword by Robert L. Gallucci
ISBN 978-3-89821-838-2

5 *Matthias Corbach*
Die deutsche Stromwirtschaft und der Emissionshandel
Mit einem Vorwort von Thomas Leif
ISBN 978-3-89821-816-0

6 *Christian Schossig*
Erneuerbare Energien in den US-Bundesstaaten
Eine vergleichende Fallstudie der Förderpolitiken von Kalifornien und Texas
Mit einem Vorwort von Miranda Schreurs
ISBN 978-3-89821-844-3

7 *Paul Mußler*
Standortfaktoren für den Ausbau der Photovoltaik in Bayern
Eine Analyse der politischen Steuerungsinstrumente im Mehrebenensystem
Mit einem Vorwort von Hans-Josef Fell
ISBN 978-3-89821-881-8

8 *Iwona Podrygala*
Erneuerbare Energien im polnischen Stromsektor
Analyse der Entstehung und Ausgestaltung der Instrumente zur Förderung der Stromerzeugung aus erneuerbaren Energien
Mit einem Vorwort von Grzegorz Wiśniewski
ISBN 978-3-89821-837-5

9 *Marie-Christine Gröne*
Erneuerbare Energien in Indien
Möglichkeiten, Grenzen und Zukunftsperspektiven für deutsche Unternehmen
ISBN 978-3-8382-0008-8

10 *Mischa Bechberger*
Erneuerbare Energien in Spanien
Erfolgsbedingungen und Restriktionen
Mit einem Geleitwort von Udo Simonis
ISBN 978-3-89821-952-5

Series Subscription

Please enter my subscription to the series *Ecological Energy Policy - EEP*, ISSN 1864-5860, edited by PD Dr. Danyel Reiche, as follows:

❒ complete series OR ❒ English-language titles
❒ German-language titles

starting with
❒ volume # 1
❒ volume # ___
❒ please also include the following volumes: #___, ___, ___, ___, ___, ___,

❒ the next volume being published
❒ please also include the following volumes: #___, ___, ___, ___, ___, ___,

❒ 1 copy per volume OR ❒ ___ copies per volume

Subscription within Germany:

You will receive every volume at 1st publication at the regular bookseller's price – incl. s & h and VAT.
Payment:
❒ Please bill me for every volume.
❒ Lastschriftverfahren: Ich/wir ermächtige(n) Sie hiermit widerruflich, den Rechnungsbetrag je Band von meinem/unserem folgendem Konto einzuziehen.

Kontoinhaber: ______________ Kreditinstitut: ______________
Kontonummer: ______________ Bankleitzahl: ______________

International Subscription:

Payment (incl. s & h and VAT) in advance for
❒ 10 volumes/copies (€ 319.80) ❒ 20 volumes/copies (€ 599.80)
❒ 40 volumes/copies (€ 1,099.80)
Please send my books to:

NAME ______________ DEPARTMENT ______________
ADDRESS ______________
POST/ZIP CODE ______________ COUNTRY ______________
TELEPHONE ______________ EMAIL ______________

date/signature ______________

Please fax to: **0511 / 262 2201 (+49 511 262 2201)**
or mail to: *ibidem*-Verlag, Julius-Leber-Weg 11, D-30457 Hannover, Germany
or send an e-mail: ibidem@ibidem-verlag.de

ibidem-Verlag

Melchiorstr. 15

D-70439 Stuttgart

info@ibidem-verlag.de

www.ibidem-verlag.de
www.ibidem.eu
www.edition-noema.de
www.autorenbetreuung.de

Zeitfracht Medien GmbH
Ferdinand-Jühlke-Straße 7
99095 Erfurt, Deutschland
produktsicherheit@kolibri360.de